AF203776

Die Deutschprofis B1

Übungsbuch

von Olga Swerlowa

auf der Basis von
„Das neue Deutschmobil 3" von
Jutta Douvitsas-Gamst und
Sigrid Xanthos-Kretzschmer

Ernst Klett Sprachen
Stuttgart

Deine Aufgaben im Übungsbuch

Markiere.

Was passt zusammen? Verbinde.

Was passt? Kreuz an.

Was passt nicht? Streich durch.

Ergänze.

Sortiere.

Kombiniere.

Ordne zu.

Bilde Wörter.

Formuliere Sätze.

Notiere eigene Ideen.

Schreib einen Text.

Antworte.

Lös das Rätsel.

Korrigiere.

Recherchiere.

Symbole im Übungsbuch

↗ 4   Verweis auf das Kursbuch

↗ Mein Ich-Buch 3   Verweis auf das Portfolio im Anhang

Informationen und zu diesem Titel passende Produkte finden Sie auf www.klett-sprachen.de/die-deutschprofis

Autorin Olga Swerlowa
Redaktion Enikő Rabl
Gestaltungskonzeption Marion Köster, Stuttgart
Herstellung Claudia Stumpfe
Satz Katja Schüch, Kirchheim / Teck
Illustrationen Zoltán Jécsai, Budapest;
Vera Brüggemann, Bielefeld (S. 52–53, 110, 113)
Umschlaggestaltung Sabine Kaufmann
Reproduktionen Meyle + Müller, Medien-Management, Pforzheim

1. Auflage 1 ⁹ ⁸ ⁷ | 2027 26 25

Druck und Bindung Elanders Waiblingen GmbH

ISBN 978-3-12-**676491**-9

INHALT

LUST AUF **1** SPORT?

1 **Was braucht man zu welcher Sportart? Verbinde und schreib Sätze in dein Heft.** 🔲 1

Tennis spielen

klettern

Ski fahren

Basketball spielen

schwimmen

Snowboard fahren

Kajak fahren

Schlittschuh laufen

Zum Tennisspielen braucht man einen Tennisschläger.

2 **Ordne die Sätze zu.** 🔲 3

Es ist toll, mit Freunden die Pisten hinunterzufahren.

Es ist schön, im Sommer den ganzen Tag draußen zu verbringen.

Man kann auch tolle Tricks machen.

Es ist wichtig, fair zu kämpfen.

Man muss richtiges Fallen lernen.

Es ist nicht einfach, das Gleichgewicht zu halten.

Ich mache Judo.

Ich finde Slacklining cool.

Snowboard ist ein toller Sport!

3 Wie findest du das? Kreuz an und schreib Sätze in dein Heft. ⤴ 4

anstrengend	cool	lustig	blöd	toll	
☐	☐	☐	☐	☐	Wintersport zu machen
☐	☐	☐	☐	☐	gegeneinander zu kämpfen
☐	☐	☐	☐	☐	auf einen Berg zu klettern
☐	☐	☐	☐	☐	jeden Tag zu trainieren
☐	☐	☐	☐	☐	Computerspiele zu spielen
☐	☐	☐	☐	☐	eine Fahrradtour zu machen

Es ist toll, ...

4 Was ist richtig? Kreuz an. ⤴ 4

1. Man soll
   a. ☐ viel an der frischen Luft sein.
   b. ☐ viel an der frischen Luft zu sein.

2. Findest du es langweilig,
   a. ☐ Schach spielen?
   b. ☐ Schach zu spielen?

3. Beim Laufen möchte ich
   a. ☐ schnell sein.
   b. ☐ schnell zu sein.

4. Es ist nicht immer einfach,
   a. ☐ sich auf das Lernen konzentrieren.
   b. ☐ sich auf das Lernen zu konzentrieren.

5. Beim Skaten kann ich
   a. ☐ tolle Tricks machen.
   b. ☐ tolle Tricks zu machen.

5 **a. Was passt zur Sportart Streetkiten? Wähl aus.** ⤴ 5

allein • Trendsport • zu zweit • Windsportart •
macht Spaß • in einer Mannschaft • nur im Sommer •
Fahr- und Bremstechniken • im Freien •
Schutzausrüstung auf Asphalt • Kite und Longboard •
kämpfen • nur bei Wind • das Gleichgewicht halten

Streetkiter auf dem ehemaligen Flughafen Tempelhof in Berlin

b. FÜR PROFIS Schreib einen Text über die Sportart Streetkiten.

6 Warum wollen die Jugendlichen Sport machen? Schreib Sätze in dein Heft. ⤢ 6

sich zur Musik bewegen • draußen sein • keine Angst haben • Teamsport machen • beim Kampfsport selbstbewusst werden • nicht allein joggen

1. Christian will …

2. Tina ist froh, …

3. Paul möchte gern …

4. Julia findet es toll, …

5. Adrian will …

6. Tanja findet es wichtig, …

7 Ergänze die Sportangebote. ⤢ 6
FÜR PROFIS Deck den Kasten ab und ergänze so die Angebote.

A

Badminton für _____ und Jugendliche ab 8 _____!

Das _____ findet immer donnerstags um 18.00 Uhr in der _____ am Gymnasium statt.

B

Tischtennis für Mädchen und _____:
Wenn ihr zwischen 10 und 14 seid und Lust habt, im _____ Tischtennis zu spielen, dann kommt vorbei und meldet euch an.

Kickboxen für Jugendliche. Bei uns lernst du Selbstbewusstsein, _____ und Fitness.
Auch Mädchen sind willkommen. **Kickboxen** ist eine spannende und dynamische **C**
_____, die jeden stark macht.

Sportart • Kinder • Verein • Sporthalle • Jungen • Training • Disziplin • Jahren

8 Ergänze die Sprechblasen. ↗ 9

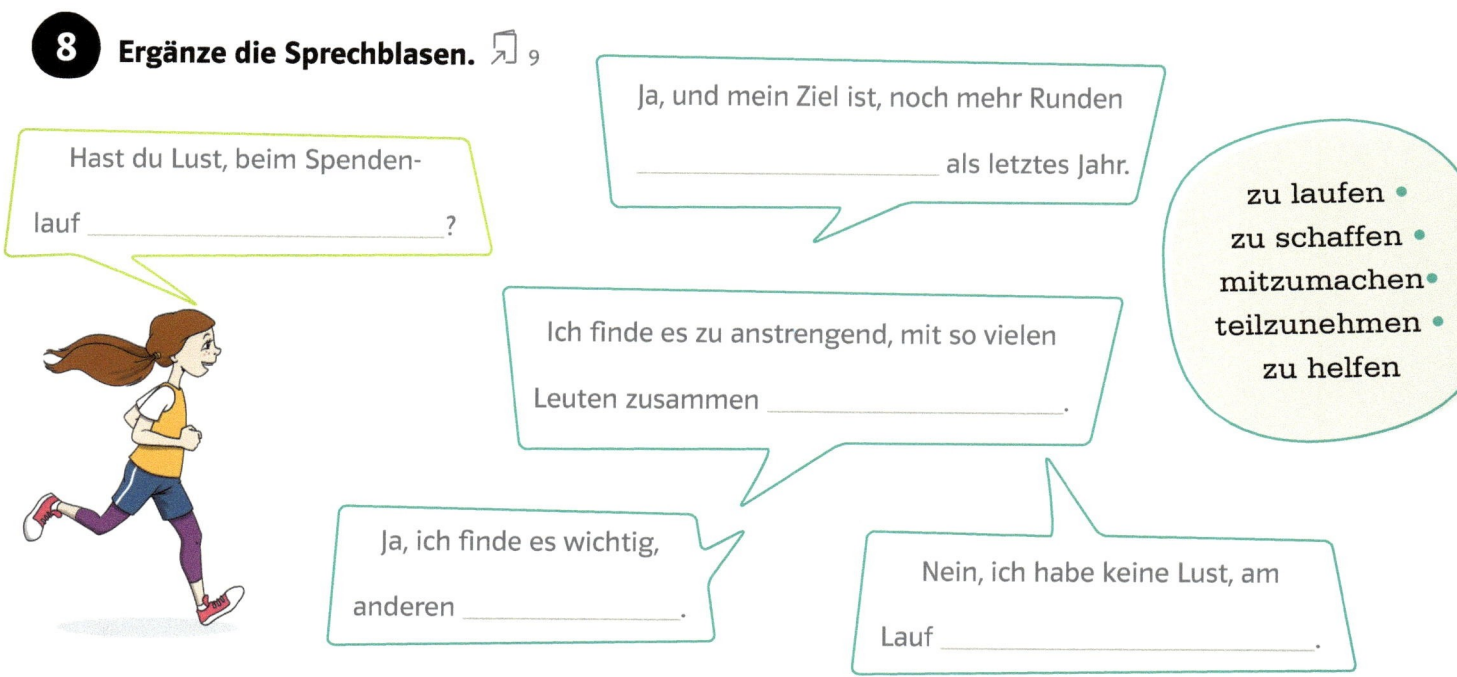

Hast du Lust, beim Spenden-lauf _____ ?

Ja, und mein Ziel ist, noch mehr Runden _____ als letztes Jahr.

zu laufen •
zu schaffen •
mitzumachen •
teilzunehmen •
zu helfen

Ich finde es zu anstrengend, mit so vielen Leuten zusammen _____ .

Ja, ich finde es wichtig, anderen _____ .

Nein, ich habe keine Lust, am Lauf _____ .

9 Was passt für dich? Kombiniere. Schreib Sätze in dein Heft. ↗ 9

(keine) Angst haben
(keine) Lust haben
(keinen) Spaß machen
(keine) Zeit haben
(keine) Probleme haben
den Traum haben

+

den Eltern helfen
ein Star werden
den Schreibtisch aufräumen
fremde Leute etwas fragen
mit dem Fahrrad zur Schule fahren
im Unterricht aufpassen
für die Schule lernen
allein sein

Ich habe keine Lust, ...

10 Was ist dir wichtig? Ergänze die Sätze. ↗ 10

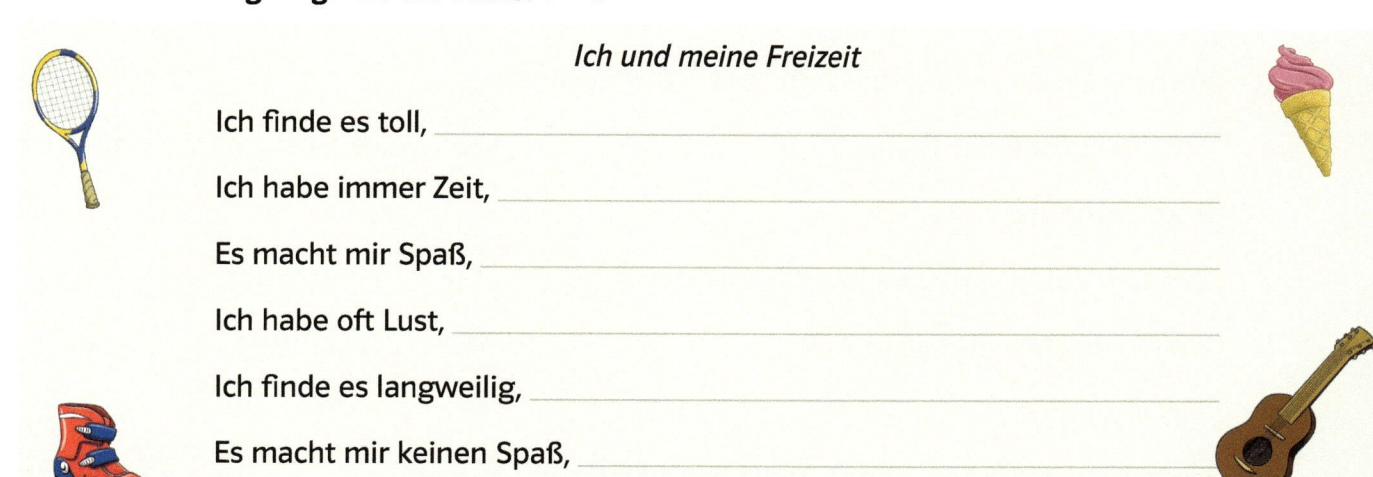

Ich und meine Freizeit

Ich finde es toll, _____

Ich habe immer Zeit, _____

Es macht mir Spaß, _____

Ich habe oft Lust, _____

Ich finde es langweilig, _____

Es macht mir keinen Spaß, _____

11 **Wo fehlt _zu_? Ergänze.** ↗ 10

Im Sommer haben wir immer Lust ___ schwimmen. Es macht vor allem Spaß, vom

Beckenrand ins kalte Wasser ___ springen. Leider habe ich nicht immer Zeit, mit den

anderen ins Schwimmbad ___ gehen, manchmal muss ich zu Hause ___ helfen.

Ich kann schon sehr gut ___ schwimmen: Brust, Rücken und Freistil. Aber mein Ziel ist,

meine Schwimmtechnik weiter ___ verbessern. Einmal möchte ich auf den 10-Meter-

Turm ___ steigen. Es ist bestimmt toll, das ganze Schwimmbad von oben ___ sehen.

Mein Traum ist, vom Turm ___ springen. Es ist auch toll, im Wasser ___ tauchen. Es ist

aber nicht leicht, lange unter dem Wasser ___ bleiben. Später möchte ich einmal einen

Kurs für Rettungsschwimmer ___ machen, dann kann ich anderen ___ helfen.

12 **Bilde Wörter. Schreib sie mit dem Artikel auf.** ↗ 12

Gold		die _____
Welt	Meisterschaft	_____
Handball	Medaille	_____
Kraft	Meister	_____
Silber	Karriere	_____
Sportler	Turnier	_____
Lauf	Training	_____
Europa		
Profi		

13 **Ergänze mit den Wörtern am Rand in der richtigen Form.** ↗ 12

Ich habe schon einmal an einem Leichtathletik-Turnier _____. teilnehmen

Ich habe zwar keine Medaille _____, aber meine Leistungen gewinnen

waren sehr gut:

Den 100-Meter-Lauf habe ich in 15 Sekunden _____. Beim schaffen

Weitsprung bin ich 3,60 m weit _____. Beim 800-m-Lauf springen

bin ich Zehnte _____. werden

Ich habe zum Schluss eine Urkunde mit meinen Ergebnissen _____. bekommen

14 **Was passt zu welchem Foto? Markiere in 2 Farben und schreib einen Text in dein Heft.**

A

Sie ist sechsmal Europameisterin geworden.

2002 hat Sven Hannawald den Titel „Sportler des Jahres" bekommen.

Bei den Olympischen Winterspielen 2002 hat er Gold gewonnen.

Sie hat viermal den Weltmeistertitel gewonnen.

Und sie hat zweimal (1984 in Sarajevo und 1988 in Calgary) bei den Olympischen Spielen Gold gewonnen.

1998 und 2000 ist er zweimal hintereinander Weltmeister geworden.

Katharina Witt ist die erfolgreichste Eiskunstläuferin in der deutschen Sportgeschichte.

Der berühmteste deutsche Skispringer ist Sven Hannawald.

Mit 5 Jahren hat sie mit dem Eiskunstlauf begonnen.

2002 hat er als erster Sportler bei der Vierschanzentournee alle vier Wettbewerbe gewonnen.

B

15 **Interview mit einer Jungsportlerin: Ergänze die Fragen.** ⤴ 12

○ Wann hast du angefangen, _____ ?

○ Wie oft _____ ?

○ Hast du schon einmal _____ ?

○ Träumst du davon, _____ ?

○ Wie lange arbeitest du daran, _____ ?

○ Was war bisher _____ ?

Mein Ich-Buch 1

LERNWORTSCHATZ

die Sportart
das Judo
das Kajakfahren
das Turnen
das Klettern
das Slacklining
die Mannschaft
die Kraft
der Wurf
der Verein
der Wettkampf
der Schläger
die Disziplin
die Fitness
das Selbstbe-
　wusstsein

der Lauf
der Läufer
die Strecke
die Runde
die Spende
der Betrag
die Bewegung
die Ernährung
das Ziel
die Karriere
der Erfolg
die Olympischen
　Spiele (Pl.)
die Meisterschaft
der Meister
der Pokal
die Medaille
die Sekunde

sich bewegen
sich konzentrieren
das Gleichgewicht
　halten
joggen
starten
nerven
unterstützen
spenden
bestimmen
erreichen
antreten bei + D
beweisen
angeben (mit + D)
vorhaben
gehören zu + D

speziell
fair
frisch
schwierig
selbstbewusst
ehrgeizig

egal
weiterhin
draußen
zu zweit /
　dritt / viert

für einen guten Zweck
an der frischen Luft

A **Ergänze Sportarten.**

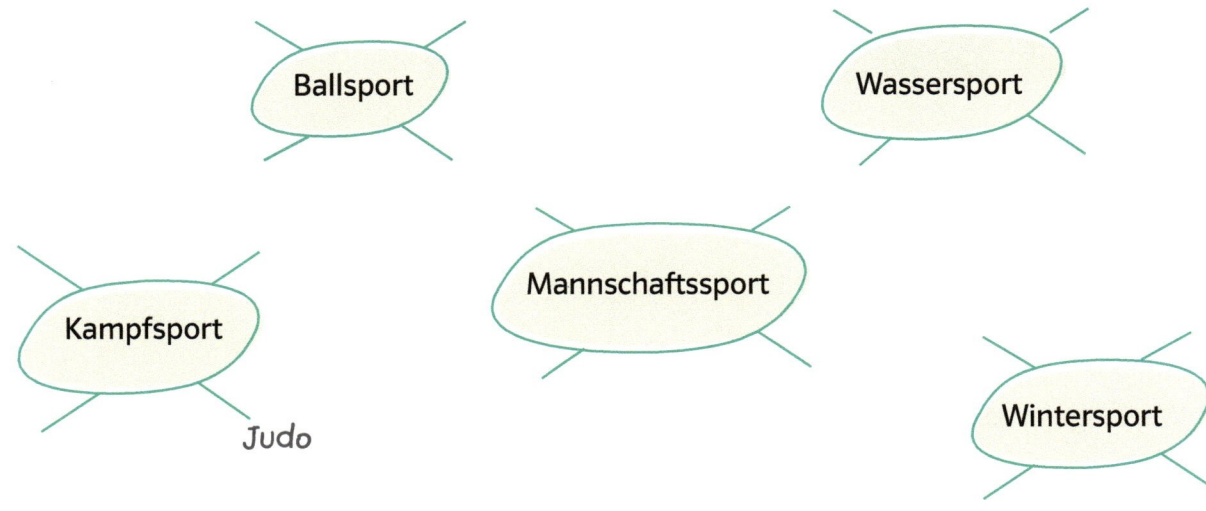

Ballsport

Wassersport

Kampfsport

Mannschaftssport

Wintersport

Judo

B Was passt? Verbinde.

Handball
Karate
Fahrrad   machen
Tischtennis   spielen
Ski   fahren
Inliner   laufen
Schlittschuh
Schach
Kajak

C Welches Wort passt aus der Liste?

1. Ich spiele Volleyball und ich bin Mitglied in einem _____.

2. Im Fußball besteht eine _____ aus elf Spielern.

3. Zum Tennisspielen braucht man einen _____ und einen Tennisball.

4. In Deutschland sind viele _____ beliebt, aber an erster Stelle steht Fußball.

5. Die deutschen Skiläufer waren die schnellsten auf der 10-Kilometer-_____.

6. Bei den Olympischen Spielen in Brasilien haben die deutschen Sportler viele

   Gold-, Silber- und Bronze-_____ gewonnen.

7. Gesunde _____ ist beim Sport sehr wichtig.

D Wie viele Wörter kannst du mit den Buchstaben des Wortes „Fußballweltmeisterschaft"
bilden?

Fuß, weiß, Eis, _____

E Antworte.

Wie oft machst du Sport?

Was ist dein Lieblingssport?

Was findest du daran toll?

Mein Lieblingswort:

1 Welches Musikinstrument ist das?

2 Lös das Rätsel. Das Lösungswort ist ein deutscher Komponist.

1. Der Kontrabass klingt sehr …

2. Die … hat vier Saiten.

3. Das Schlagzeug gibt den … an.

4. Das Fagott ist ein Blasinstrument aus …

5. Das … ist ein elektronisches Instrument.

6. Das … gehört zu den größten Tasteninstrumenten.

7. Die Gitarre hat sechs …

3 Was fehlt in Leos Text? Schreib den Text richtig in dein Heft.

Mein Lieblingsinstrument ist die Geige, weil sie so schön ⸱⸱⸱ ⸱⸱. Ich mag viele Instrumente, zum Beispiel Keyboard oder Harfe, aber die Geige fand ich immer am ⸱⸱⸱⸱ . Bis es wirklich schön klingt, muss man leider sehr lange ⸱⸱⸱ ⸱. Mein Freund Karl wollte unbedingt ein lautes Instrument spielen und hat sich für Trompete ⸱⸱⸱ ⸱. Aber das kann nicht jeder spielen, dafür muss man viel Kraft ⸱⸱⸱ ⸱. In einem Orchester kann man die Trompete auf jeden Fall am besten ⸱⸱⸱ .

4 **a. Wer spielt welches Instrument? Rate.** 🔗 2

Tom

Benno

Laura

Alexa

Laura spielt _____   Benno _____

Tom _____   Alexa _____

b. Was passt zusammen? Verbinde und schreib die Sätze in dein Heft.

1. Laura möchte in einer Band mitspielen.
2. Toms Instrument ist sehr groß.
3. Benno ist noch Anfänger.
4. Alexa möchte Profimusikerin werden.

Darum kann er es nicht überallhin mitnehmen.
Deswegen hat sie sich für Gitarre entschieden.
Darum übt sie jeden Tag.
Deshalb kann er erst wenige Töne auf der Trompete spielen.

5 **Formuliere die Sätze mit *deswegen* oder *darum*.** 🔗 2

1. Viele Kinder spielen nur kurze Zeit ein Musikinstrument, weil sie nicht gern üben.

   Viele Kinder üben nicht gern, darum _____

2. Andy übt jeden Tag, weil seine Band bald ein Konzert gibt.

   Andys Band _____

3. Katja hat sich für die Harfe entschieden, weil sie so schön klingt.

   _____

4. Viele Menschen hören unterwegs Musik, weil Musik gute Laune macht.

   _____

5. Verena übt täglich eine Stunde Geige, weil sie in einem Orchester spielt.

   _____

6 Lies den Chat. Ergänze: *weil* oder *darum*? ↗ 3

CHAT | CHAT | ✕

Timo Hallo! Ich möchte gern ein Instrument spielen, ich weiß aber nicht, welches. Wie habt ihr das entschieden? Ich finde das echt schwer!

Marie Bei mir war das ganz einfach. Meine Mutter spielt Klavier, _____ wollte ich auch dieses Instrument lernen. Ich fand es immer toll, wie sie spielt.

Michi Ich höre immer Musik, meistens Rock. Seit einem Jahr lerne ich Schlagzeug, _____ man dieses Instrument in jeder Band braucht.

Ida Ich wusste auch nicht, was ich spielen soll. Ich habe mit Flöte angefangen und jetzt spiele ich Klarinette in einem Blasorchester, _____ übe ich ziemlich viel. Das ist nicht immer leicht, aber im Orchester zu spielen ist toll.

Kira Ich habe in der Musikschule erst mal viele Instrumente ausprobiert. Am besten hat mir die Gitarre gefallen, _____ habe ich mich für einen Kurs angemeldet.

Fabian Nur wenige wählen das Fagott, _____ es schwer ist, dieses Instrument zu spielen. Ich kann es dir leider nicht empfehlen 😟

Lilli Meine Schwester und meine Kusine spielen Flöte, _____ habe auch ich dieses Instrument gewählt. Das Beste daran ist, dass wir zusammen kleine Stücke spielen können.

7 Was möchten die Jugendlichen in ihrer Freizeit machen? Ergänze die Sätze. ↗ 3

1. Klara: musikalisch sein, im Chor singen

   Klara ist _____, darum möchte sie _____

2. Ben und Tim: fit sein, jeden Tag joggen

   _____ wollen _____, deshalb haben sie vor, _____

3. Grit: die Natur mögen, wandern gehen

   _____, deshalb hat sie immer Lust _____

4. Mira: ein Fan von Rapmusik sein, selbst Texte schreiben

   _____, deswegen versucht sie, _____

5. Alex: Schauspieler werden wollen, einen Pantomime-Kurs machen

   _____, deshalb möchte er _____

8 FÜR PROFIS **Ergänze den Text.** ↗ 3

Montag, Dienstag, Samstag, Sonntag? Ich mag jeden Tag.

_____ , darum mag ich den Montag.

_____ , darum ist der Dienstag toll.

_____ , deshalb ist Mittwoch auch okay.

_____ , deswegen ist der Donnerstag prima.

_____ , darum mag ich den Freitag.

_____ , deswegen ist der Samstag so schön.

_____ , darum ist Sonntag der beste Tag!

9 **Was magst du (nicht)? Was gefällt dir (nicht)? Ergänze.** ↗ 6

Pop • Elektro • Hip-Hop • Rock • Jazz • Techno • …

Ich höre gern _____ .

Mir gefällt auch _____ .

_____ mag ich nicht.

Ich bin ein Fan von _____ .

_____ gefällt mir gar nicht.

_____ finde ich blöd.

10 FÜR PROFIS **Schreib Fragen an die Band.** ↗ 7

Wie …?

Wo …?

Wie lange …?

Was …?

Streitet …?

Seid …?

PingPong.

Auf einem Schulfest.

Seit 15 Jahren.

Am schwierigsten ist es, neue Ideen zu finden.

Das passiert manchmal, aber es hält sich in Grenzen.

Ja, sehr nervös sogar. Das hört nie auf.

11 Mia ist 14 und durfte zum ersten Mal zu einem Popkonzert. Was wollten die anderen wissen? Ergänze die Sätze. ↗ 8

> War es nicht zu laut?

> Welche Songs hat die Band gespielt?

> Wie sah die Sängerin aus?

> Hat dir das Konzert gefallen?

> War es ein tolles Gefühl, live dabei zu sein?

Mein Bruder wollte wissen, _____ .

Meine Eltern haben mich gefragt, _____ .

Meine Schwester wollte erfahren, _____ .

Meine Freundin hat gefragt, _____ .

Meine Oma wollte am Telefon hören, _____ .

12 FÜR PROFIS Was sagen die Eltern? Formuliere Sätze zum Bild. ↗ 10

Ich verstehe nicht, …

Erklär mir bitte, …

Ich möchte wirklich wissen, …

Kannst du mir sagen, …

13 **a. Klassik oder Rock? Sortiere.** ↗ 11

ein großes Orchester	schneller Rhythmus	das aktuelle Album
der berühmte Musiker	toller Sound	englische Bands
alte Musikinstrumente	der große Komponist	coole Songs
die bekannte Symphonie	eine junge Sängerin	gute Texte

Klassik: _____

Rock: _____

b. Was magst du lieber? Warum? Schreib einen kurzen Text. Verwende Wörter aus a.

14 **Musikkritik: Ergänze die Sprechblasen.** 🔎 13

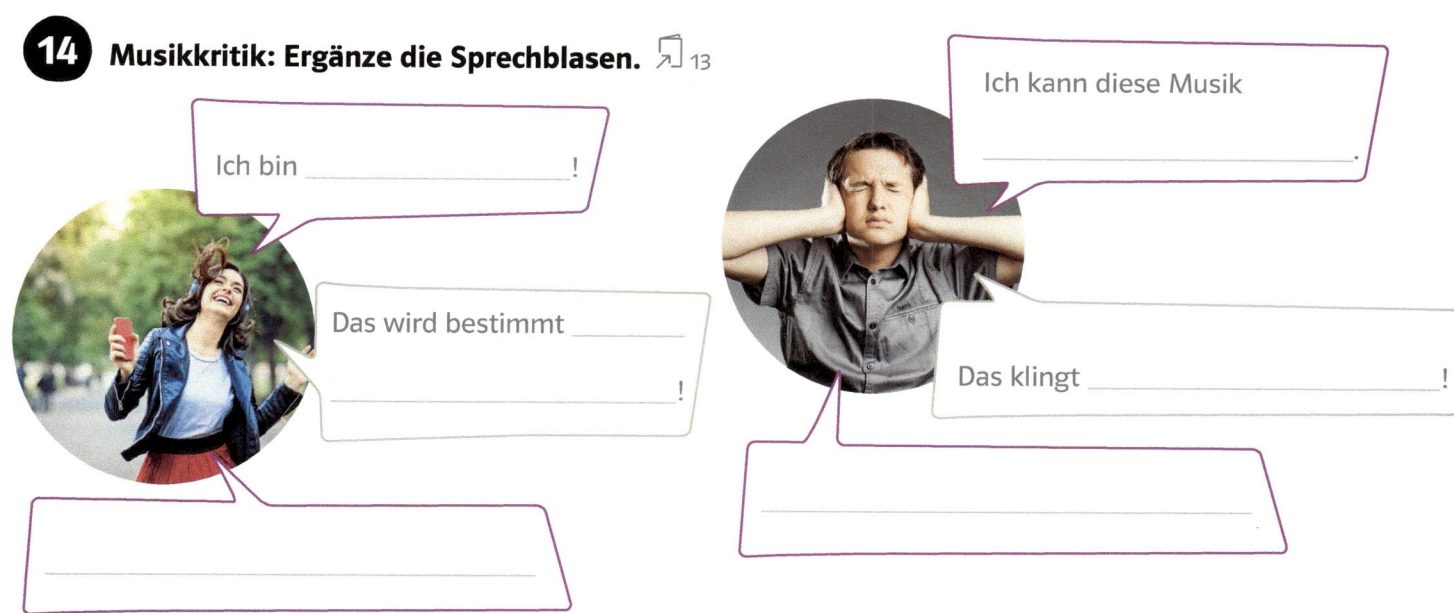

Ich bin _____!

Das wird bestimmt _____
_____!

Ich kann diese Musik
_____.

Das klingt _____!

_____

_____

15 **Ergänze die Adjektiv-Endungen in den Texten.** 🔎 14

A

Feiern Sie Welterfolge im berühmt___ Theater im Hafen in Hamburg! Im Musical „Der König der Löwen" erleben Sie die bunt___ Welt Afrikas. Mit einer spannend___ Mischung aus Popmusik von Sir Elton John und original afrikanisch___ Rhythmen garantiert das erfolgreich___ Musical Gänsehaut-Feeling pur. Die fantastisch___ Masken und die wunderschön___ Kostüme krönen die magisch___ Bühnen-Inszenierung und machen Disneys „Der König der Löwen" zu einem groß___ Erlebnis.

B

Am Wochenende steigt wieder Deutschlands größt___ Rockfestival, der „Rock am Ring". Am früh___ Freitagnachmittag können sich die ersten Festivalbesucher bei strahlend___ Sonnenschein und fast 30 Grad ab 13 Uhr auf das Festivalgelände begeben. Am spät___ Abend tritt die Band Die Toten Hosen mit einem toll___ Konzert auf der Hauptbühne auf. Mit alt___ Klassikern und neu___ Songs begeistern sie immer wieder ihre Fans.

🔎 Mein Ich-Buch 2

LERNWORTSCHATZ

die Klassik
das Instrument
die Geige
die Harfe
das Akkordeon
das Fagott
die Trompete
der Kontrabass
das Keyboard
das Schlagzeug
die Klarinette
das Streichinstru-
ment
das Tasteninstru-
ment
das Blasinstrument
die Taste
die Saite
der Rahmen
das Pedal
der Rhythmus
der Ton
das Konzert
das Orchester

der Anfänger
der Musiker
die Musikerin
die Kusine
die Band (Musik)
der Rock
der Pop
das Techno
der Reggae
der Hip-Hop
die Elektromusik
der Jazz
die Volksmusik
das Volkslied
die Strophe
der Hit
das Album
der Sound
der Text
die Stimmung
der Star
der Reporter
die Kritik
die Münze

angeben (etwas)
den Ton treffen
klingen
sich entscheiden
    für + A
sich durchsetzen
schicken
abhängen von + D
vorschlagen

tief
schrill
leise
elektronisch
handlich
nervös
großartig
fantastisch
unterschiedlich
modern
klassisch

unbedingt
außerdem
darum
deswegen
ob
überhaupt
eher
leider
einziger, einziges, einzige

im Moment
Ich bin begeistert!

A **Ergänze Wörter.**

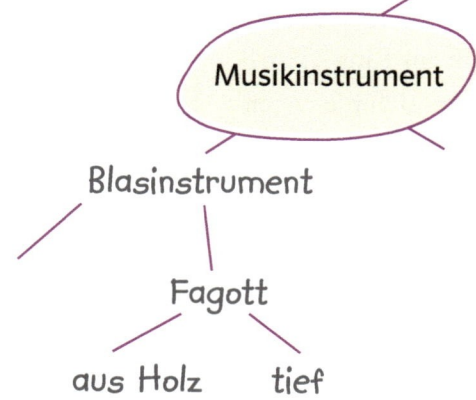

B **Silbenrätsel: Schreib die Wörter mit dem Artikel auf.**

Mu	Rhyth	si	zert	mus	Stro	ter
Stim	bum	mung	Re	Al	phe	
Kon	ches	ter	ker	por	Or	

C **Was passt nicht? Streich durch.**

1. die Musik   klassisch • modern • handlich • elektronisch
2. das Konzert   klassisch • schrill • fantastisch • großartig
3. der Sound   wunderschön • leise • tief • nervös
4. der Musiker   großartig • bekannt • modern • tief
5. die Stimmung   nervös • elektronisch • schlecht • fantastisch

D **Was passt?**

den Ton _____   sich bei dem Wettbewerb _____

einen Brief _____   von der Stimmung _____

sich für ein Instrument _____   Die Harfe _____ schön.

E **Reagiere.**

Techno ist langweilig!

Deutsche Musik klingt viel besser als englische.

Es ist sehr schwierig, ein Instrument zu lernen.

Ohne Musik geht bei mir nichts.

MENSCH
NATUR, TECHNIK 3

1 **Such auf der Karte und ergänze.** 🔖 1

Österreich grenzt im Norden an Tschechien und an _____, im Osten und

Südosten an die Slowakei und an _____. Im Westen grenzt Österreich an

_____ und die Schweiz und im Süden an _____ und Slowenien.

Die österreichische Hauptstadt Wien liegt an der _____. An der Grenze zu

_____ liegt die bekannte Stadt Salzburg.

2 **Was ist richtig? Kreuz an.** 🔖 2

1. Der Schwarzwald ist
   a. ☐ das höchste deutsche Mittelgebirge.
   b. ☐ das höchste deutsche Hochgebirge.

2. Der Feldberg ist 1493 Meter hoch und liegt
   a. ☐ in den Alpen.
   b. ☐ im Schwarzwald.

3. Der Name „schwarzer Wald" stammt
   a. ☐ von den Germanen.
   b. ☐ von den Römern.

4. Der Mensch lebt im Schwarzwald erst
   a. ☐ seit dem 8. Jahrhundert.
   b. ☐ seit dem 18. Jahrhundert.

5. Der Schwarzwald besteht zu 80 Prozent
   a. ☐ aus Tannen und Fichten.
   b. ☐ aus Linden und Eichen.

3 **Ergänze den Text. Die Fotos helfen.** 📄 2

Jedes Jahr kommen zahlreiche Touristen aus dem In- und Ausland in den Schwarzwald. Die Region ist bekannt für ihre Spezialitäten wie den Schwarzwälder _____ oder die Schwarzwälder _____. Beliebte Ausflugsziele im Schwarzwald sind die Städte Freiburg und Baden-Baden. Aber attraktiv sind auch die kleinen Dörfer mit ihren typischen _____. Besonders interessant sind die Uhrenmuseen und die _____, wo die alten Traditionen fortleben. Die im Schwarzwald angefertigten _____ sind weltberühmt.

4 **Wer bin ich? Wähl das passende Foto, verbinde und schreib den Namen zur Sprechblase.** 📄 3

Ich bin ein kleines Tier, das sich unter dem Laub versteckt und einen Winterschlaf macht. **3**

Ich fliege von Blume zu Blume, die mir als Nahrung dient. **1**

Ich bin ein Pflanzenfresser mit braunem Fell, der vor Menschen Angst hat. **2**

Ich komme nur bei Regen aus der Erde heraus. **6**

Ich klettere auf Bäume und sammle Nüsse für den Winter. **4**

Ich bin ein Allesfresser, der nachts Hasen und Mäuse jagt. **5**

5 Welche Schule gefällt dir am besten? Wähl drei aus und schreib Sätze. ⤢ 4

🙂

Die Schüler haben nachmittags AGs. ☐
Es gibt viele Projekttage. ☐
Es gibt eine Schulschwimmhalle. ☐
Der Unterricht beginnt erst um neun Uhr. ☐
Es gibt einen Schulgarten. ☐
Die Schüler haben jeden Tag Sport. ☐
In allen Klassenzimmern sind Computer. ☐
Alle Lehrer sind sehr freundlich. ☐
Es gibt ein Schulorchester. ☐

Mir gefallen Schulen, wo _____

Ich mag Schulen, wo _____

Ich finde Schulen toll, wo _____

6 Was stimmt in Felix' Sätzen nicht? Such die passenden Teilsätze und korrigiere. ⤢ 4

1. Ich gehe gern in ein Schwimmbad, wo man auch Popcorn essen kann.
2. Oft verbringe ich die Ferien in einem Dorf, wo man Wasserball spielen kann.
3. Ich fahre nicht gern in die Berge, wo es wenige Läden gibt.
4. Ich mag Kinos, wo man lange still sitzen muss.
5. Meine Tante wohnt in einer kleinen Stadt, wo man lange Wanderungen machen muss.
6. Ich reise gern mit einem ICE-Zug, wo ich reiten kann.
7. Ich gehe nicht gern in ein klassisches Konzert, wo man im Speisewagen essen kann.

1. Ich gehe gern in ein Schwimmbad, wo man _____

2. _____

3. _____

4. _____

5. _____

6. _____

7. _____

7 **a. Ergänze die Postkarte aus Liechtenstein. Zwei Wörter passen nicht.** ⤴ 5

Liebe Lea, herzliche Grüße aus Liechtenstein!
Dieses kleine Land in der Mitte Europas
_____ zwischen Österreich und der
Schweiz. Ich habe schon viel über das Land
gelernt: Der längste _____ ist der Rhein,
der höchste _____ ist der Grauspitz mit
2 599 Metern. Die Landschaft ist wunderschön,
ungefähr die Hälfte des Landes besteht aus
_____ (Zentralalpen). Es gibt viel Wald
in Liechtenstein, dort leben _____,
_____ und verschiedene Vögel. Das in-
teressanteste _____ ist das Murmeltier.
Bald erzähle ich dir noch mehr!
Deine Kusine Tamara

Rehe • Westen • liegt • Berg • Fluss •
Tier • Gebirge • Füchse • See

Fürstentum   Liechtenstein

b. FÜR PROFIS Schreib eine Postkarte aus einem anderen Land.

8 **a. Was ist das? Lies die Definitionen aus einem einsprachigen Wörterbuch.**
Ordne das passende Vorbild aus der Natur zu. ⤴ 6

Hubschrauber, *der*, *–s*, - eine
Art Flugzeug mit einem Pro-
peller; ein Hubschrauber kann
senkrecht nach oben fliegen,
in der Luft stehen bleiben und
auf kleinen Flächen landen ≈
Helikopter

Schwimmflosse, *die*, *–n* eine
Art Schuh aus Gummi, der wie
die Flosse eines Tieres aussieht
und mit dem man schneller
schwimmen und tauchen kann

Bagger, *der*, *–s*, - eine große
Baumaschine mit einem Greif-
arm und Grabschaufeln, mit
denen man große Mengen Erde
bewegen kann

Fallschirm, *der*, *–s*, *–e* ein großer
Schirm aus leichtem Stoff und
Schnüren, mit dessen Hilfe man
langsam fällt, wenn man aus
einem Flugzeug springt

die Schwimmhaut
von Wasservögeln

der Löwenzahn

die Libelle

der Maulwurf

b. Ergänze die Sätze mit den Wörtern aus a.

1. Die Libelle ist ein ideales Vorbild für den _____, weil sie in der Luft auf einer Stelle stehen kann.

2. Baggerschaufeln können sich gut in die Erde graben, denn sie haben Krallen wie ein _____.

3. Wasservögel haben Schwimmhäute an den Füßen. Nach diesem Vorbild hat man die _____ gestaltet.

4. Die Samen des Löwenzahns gleiten langsam durch die Luft. Nach diesem Vorbild funktioniert auch der _____.

9 a. Beschreibe die Fantasie-Geräte wie im Beispiel. Schreib in dein Heft. ⤴ 7

1. Mit der Abenteuermaschine kann man spannende Abenteuer erleben.

   Die Abenteuermaschine ist eine Maschine, mit der man …

2. Mit dem Aufräumgerät kann man das Zimmer schneller aufräumen.
3. Für die Geldmaschine ist das Drucken von Geld kein Problem.
4. Mit der Lernbrille lernt man alles sofort.
5. Mit dem Flugauto kann man auch fliegen.
6. Die Aufgabenmaschine druckt immer fertige Hausaufgaben.

b. FÜR PROFIS Erfinde noch mehr Geräte und beschreibe sie.

10 Was kann man mit diesen Erfindungen machen? Schreib Sätze in dein Heft. ⤴ 7

> Geschirr spülen • Essen aufwärmen • Hemden bügeln • Staub saugen •
> Brot backen • Wäsche waschen • Wasser kochen • Kaffee kochen

die Spülmaschine

der Staubsauger

die Backmaschine

das Bügeleisen

die Kaffeemaschine

der Mikrowellenherd

der Wasserkocher

die Waschmaschine

Die Spülmaschine ist ein Gerät, mit dem man … / ist eine Erfindung, mit der …

11 **a. Wer hat was erfunden oder entdeckt? Recherchiere und bilde Sätze wie im Beispiel.** 🔗 7

Wer?	Was?	Wann?
Werner Siemens	deutscher Erfinder	1881
James Watt	englischer Physiker	1765
Alfred Nobel	schwedischer Chemiker	1866
Alexander Fleming	schottischer Biologe	1928
Robert Koch	deutscher Mediziner	1882
Vitus Bering	dänischer Marineoffizier	1741

Erfindung / Entdeckung

• das Penicillin entdecken
• Alaska entdecken
• den Tuberkel-Bazillus finden
• die Straßenbahn erfinden
• das Dynamit erfinden
• die erste Dampfmaschine bauen

Werner Siemens ist ein deutscher Erfinder, der 1881 die ... erfunden hat.

b. FÜR PROFIS Kennst du andere Erfinder oder Entdecker?

12 **Interview mit zwei Teilnehmerinnen von Jugend forscht:**
Ordne die Antworten den Fragen zu. 🔗 10

1. Mit welchem Projekt habt ihr bei Jugend forscht teilgenommen?
2. Hattet ihr Unterstützung von eurem Lehrer oder habt ihr das alles selbst gemacht?
3. Gab es Schwierigkeiten oder Probleme?
4. Wann wart ihr fertig mit eurem Projekt?
5. Zu welchem Ergebnis seid ihr gekommen?
6. Habt ihr einen Preis gewonnen?

A Wir haben uns alles selbst angeeignet durch Chemiebücher und durch das Internet. Natürlich hat uns auch unser Lehrer Materialien bereitgestellt.

B Unser Ziel war, herauszufinden, ob Aluminiumflaschen ihren Aluminiuminhalt dem Getränk abgeben und ob Aluminium wirklich schädlich ist.

C Wir waren erst kurz vor dem Wettbewerb fertig. Das war relativ eng.

D Ja, einige. Die Analyse war sehr schwer, wir haben viele Experimente durchgeführt. Aber wir sind trotz der Probleme zum Ziel gekommen.

E Ja, wir haben den Sonderpreis bekommen und haben uns darüber sehr gefreut.

F Beschädigte Flaschen geben Aluminium ab, auch Alupapier, vor allen Dingen bei Salz, Essig und Apfelschorle. Man sollte sich wirklich überlegen, ob man aus einer Aluflasche trinkt, da Aluminium zu Krankheiten wie Demenz oder Brustkrebs führen kann.

🔗 Mein Ich-Buch 3

die Landschaft
das Gebirge
der Hügel
das Bundesland
das Gebiet
der Nadelwald
die Tanne
die Fichte
der Mensch
das Reh
das Wildschwein
der Dachs
der Igel
das Eichhörnchen
der Regenwurm
der Schmetterling
das Insekt
die Möglichkeit
die Spezialität
die Tradition
die Etage
das Dachgeschoss
die Schicht
die Wurzel
der Boden
der Strauch
der Ort
der Lebensraum

der Ingenieur
der Forscher
der Biologe
der Techniker
der Stoff
das Design
das Vorbild
das Modell
das Blatt
der Staub
der Schmutz
die Oberfläche
der Druck
der Kompass
das Mikroskop
der Fotoapparat
die Batterie
die Elektrizität
die Entfernung
die Jugend
die Informatik
die Chemie
die Physik
die Literatur
der Gegenstand
der Roboter
die Funktion
der Hebel
der Knopf

grenzen an + A
stammen von + D
entspringen
genießen
anfertigen
bilden
forschen
untersuchen
feststellen
abgucken von + D
nachbauen
herausfinden
entwerfen
sich reinigen
sich eignen
speichern
vergrößern
einschalten
drehen
drücken
funktionieren
programmieren
verbessern
sich interessieren
    für + A

regional
winzig
sauber
schlammig
digital
automatisch

ganz unten
ganz oben

folgender, folgendes,
    folgende

 A **Was passt aus der Liste?**

Tiere: _____

Bäume: _____

Häuser: _____

Geräte: _____

Fachgebiete: _____

B **Wer oder was ist das? Lös das Rätsel.**

1. der Teil vom Baum, der unter der Erde ist _____

2. ein Profi auf dem Gebiet der Technik _____

3. eine Person oder Sache, die sich als gutes Beispiel eignet _____

4. ein Nadelbaum, den man an Weihnachten ins Wohnzimmer stellt _____

C **Was passt nicht? Streich durch.**

1. einen Roboter   einschalten • entwerfen • forschen • anfertigen
2. den Stoff   ausschalten • untersuchen • reinigen • designen
3. die Fotos   drehen • vergrößern • speichern • grenzen
4. eine App   speichern • herausfinden • programmieren • verbessern
5. das Modell   anfertigen • verbessern • nachbauen • feststellen

D **Ergänze.**

1. Im Schwarzwald werden Kuckucksuhren _____ gefertigt.

2. Der Rhein _____ springt in den Alpen.

3. Moderne Technik guckt viele schlaue Lösungen von der Natur _____.

4. Die Wissenschaftler beobachten die Natur und bauen vieles _____.

5. Die Biologen _____ suchen die Pflanzen unter dem Mikroskop.

6. Die Forscher wollen _____ finden, ob die Lösung funktioniert.

nach-
heraus-
ab-
unter-
an-
ent-

E **Antworte.**

Interessierst du dich für Technik?

Welche Erfindung ist für dich am wichtigsten?

Was kann man mit dieser Erfindung machen?

Welche technischen Geräte benutzt du jeden Tag?

Mein Lieblingswort:

1 **Wofür geben Jugendliche ihr Taschengeld aus? Sammle Wörter.**

Süßigkeiten	Spielzeug	Essen und Getränke	Unterhaltung
			die Kinokarte
_____	_____	_____	_____
_____	_____	_____	_____
_____	_____	_____	_____
_____	_____	_____	_____

2 **a. Sieh die Statistik an und ergänze die Zusammenfassung.**

Was essen deutsche Kinder?

Jungen (6-12 Jahre)		Mädchen (6-12 Jahre)
396	Brot und Backwaren	396
239	Nudeln und Reis	212
216	Süßwaren	205
195	Milch	170
182	Saft und Limonade	165
124	Wurst	98
87	Obst	92
75	Kartoffeln	65
74	Fleisch	68
70	Speisefette	63
66	Käse und Quark	62
40	Butter	39
27	Gemüse	29
26	Eier	23
16	Fisch	14
13	Gewürze	12
8	Marmelade	8

Was essen deutsche Kinder zwischen 6 und 12 Jahren? An erster Stelle stehen in der Statistik _____.

Auch _____ sind bei vielen sehr beliebt. Das beliebteste Getränk ist _____.

Obst steht an _____ Stelle, Gemüse steht ziemlich weit _____ in der Liste. Am wenigsten mögen die Kinder _____, die an letzter Stelle steht.

b. **FÜR PROFIS** **Was überrascht dich? Was nicht? Schreib in dein Heft.**

3 **a. Ergänze die Beiträge mit den Wörtern in der richtigen Form.** ↗ 3

> ausgeben • zufrieden • bekommen • okay • sparen • Kleidung • kaufen • Stelle • Gitarre

TANJA	TASCHENGELD
	Hallo! Ich finde, ich bekomme zu wenig Taschengeld. Ich hatte deswegen auch schon Streit mit meinen Eltern. Sie sagen, andere bekommen in dem Alter auch nicht mehr. Wie ist es bei euch? Wie viel bekommt ihr und wofür?
LARS	Ich _____ 20 Euro Taschengeld im Monat. Das meiste davon _____ ich für Bücher, Comics und Poster _____.
LISA	Ich bin eigentlich sehr _____, denn ich bekomme 35 Euro. Das meiste Geld gebe ich aus, wenn ich mit Freunden ausgehe. Ich versuche aber auch zu _____, weil ich mir eine neue _____ kaufen will.
PAUL	Ich gebe mein Geld vor allem für _____ aus, für coole T-Shirts zum Beispiel. Und ich _____ mir manchmal auch Kosmetika. Aber an erster _____ steht eigentlich das Handy. Insgesamt bekomme ich 25 Euro im Monat. Das finde ich _____.

b. FÜR PROFIS Schreib deinen eigenen Beitrag.

4 **Was passt? Kreuz an.** ↗ 3

1. Meine Freundin gibt ihr Taschengeld vor allem ☐ für ☐ von Süßigkeiten aus.

2. Wir sparen ☐ in ☐ für einen neuen Computer.

3. ☐ Für ☐ Von meinem Taschengeld kaufe ich keine Schulsachen.

4. Kommt ihr ☐ mit ☐ von eurem Geld gut aus oder braucht ihr mehr?

5. Ich bekomme 5 Euro ☐ in ☐ an der Woche.

5 **Was passt für dich? Ergänze.** ↗ 3

Mit meinen Noten bin ich _____ zufrieden.

Ich bin _____ ordentlich.

Ich mache _____ gern Sport.

Ich möchte _____ mehr Taschengeld bekommen.

Mein Handy ist _____ modern.

> (nicht) sehr • total • viel • ziemlich • etwas • ein bisschen • gar nicht

6 Ergänze: Wer? Wen? Wem? 🔲 4

1. ● _____ schenkst du das Bild?   ○ Meinem Opa.

2. ● _____ hat dir diesen Film empfohlen?   ○ Meine Kusine.

3. ● _____ hast du das Geld für den Skikurs gegeben?   ○ Der Sportlehrerin.

4. ● _____ hast du angerufen?   ○ Meinen Bruder.

5. ● Für _____ ist die Postkarte?   ○ Für meine Eltern.

6. ● Von _____ hast du eine Nachricht bekommen?   ○ Von einem Freund.

7 a. Ergänze die Geschichte. Es gibt mehrere Möglichkeiten. 🔲 4

> gab • kaufen • empfahl • schenken • gegeben • zeigte

Ich wollte meiner Mutter zum Geburtstag etwas Schönes _____.

Sie liest gern, darum bin ich in eine Buchhandlung gegangen. Die Verkäuferin

_____ mir die neuesten Bücher. Die waren alle interessant und ich

wusste nicht, welches ich meiner Mutter _____ sollte. Die Verkäuferin

_____ mir zum Schluss einen Bestseller. „Das gefällt deiner Mutter be-

stimmt", sagte sie. Ich nahm das Buch, _____ der Verkäuferin das Geld und ging

nach Hause. Zu Hause lag das gleiche Buch auf dem Tisch. „Guck mal, was mir die Nachba-

rin gerade _____ hat! Ein super Buch!" Ja, wirklich ganz toll, dachte ich.

b. **FÜR PROFIS** Schreib die Geschichte weiter.

8 Ergänze die Dialoge: er, ihn, sie, es? 🔲 7

1. ○ Was kostet der Pullover?

   ● _____ kostet 19,90 Euro.

   ○ Gut, ich nehme _____.

2. ○ Gibst du mir deinen Schokoriegel?

   ● Nein, ich esse _____ selbst.

3. ○ Wie findest du die Comics?

   ● Witzig. Ich kaufe _____ alle.

5. ○ Guck mal, das Handy!

   ● Cool, aber ich finde _____ zu teuer.

4. ○ Brauchst du noch die Zeitschriften?

   ● Nein, ich brauche _____ nicht

   mehr. Ich schenke _____ dir.

6. ○ Ich hätte gern einen Hamburger.

   ● Okay. Willst du _____ hier essen?

9 **Gib Tipps.** ↗ 7

1. ○ Mein Bruder rechnet immer falsch. (einen Taschenrechner schenken)

   ● _Schenk ihm_

2. ○ Die Katze hat Hunger. (Futter geben)

   ● _____

3. ○ Das Kind langweilt sich. (das Kartenspiel zeigen)

   ● _____

4. ○ Mein Freund versteht die Matheaufgabe nicht. (die Regel erklären)

   ● _____

5. ○ Die Touristen möchten Kaffee trinken. (das Eiscafé empfehlen)

   ● _____

10 **Antworte auf die Fragen.** ↗ 9

1. ○ Zeigst du uns dein Zimmer? ● _Ja, ich zeige es euch._

2. ○ Schenkst du deinem Freund den Stift? ● _____

3. ○ Ich habe Hunger. Gibst du mir das Käsebrot? ● _____

4. ○ Liest du uns die Geschichte vor? ● _____

5. ○ Bringt ihr mir den Stuhl? ● _____

6. ○ Kaufst du deiner Schwester das Spiel? ● _____

11 **Auf dem Flohmarkt: Wähl von jedem Zettel den passenden Satz.**
Schreib die Mini-Gedichte in dein Heft. ↗ 9

1
Siehst du den Pullover?
Wie findest du die Kette hier?
Siehst du das Kinderfahrrad da?
Was kosten die Äpfel hier?

2
Ich find' sie wundervoll.
Ich mag ihn sehr gern.
Ich finde es echt cool.
Nur 50 Cent pro Stück?

3
Für meinen Bruder passt es gut.
Ich kauf' sie auf jeden Fall.
Ich kaufe sie alle. Das ist billig.
Er kostet ja nur 15 Euro.

4
Und auch der Schaukelstuhl.
Da habe ich wirklich Glück!
Und er ist sehr modern.
Ja, sie ist wirklich toll!

12 **Bilde zwei Dialoge und schreib sie in dein Heft.** ↗ 10

- ● Was? Das ist viel zu teuer!
- ● Mama, guck mal, der Pullover da. Den möchte ich haben.
- ○ 50 Euro.
- ● Ja, er gefällt mir sehr gut. Kannst du ihn mir kaufen, bitte?
- ○ Na gut. Papa und ich schenken ihn dir zum Geburtstag.
- ● Oh, ein tolles Fahrrad. Zeig es mir bitte.
- ○ Bitte, es ist fast neu und hat sieben Gänge.
- ○ Aber er ist ziemlich teuer. Gefällt er dir?
- ● Und was kostet es?
- ○ Also gut, du kannst es für 35 Euro haben.

13 **Ergänze den Dialog im Laden.** ↗ 10

○ Hallo! Ich habe im Schaufenster eine schöne Uhr gesehen. Können Sie _____ ?

● Ja, natürlich. Hier, bitte.

○ Gibt es diese Uhr auch _____ ?

● Ja, wir haben dieses Modell auch in Blau, Gelb und Schwarz.

○ _____ ?

● Mit dem Plastikarmband 35 Euro, mit dem Lederarmband 40 Euro.

○ Am besten gefällt mir _____ mit _____ .

● Die finde ich auch sehr schön. Die Uhr ist wasserdicht. Und Sie haben 2 Jahre Garantie.

○ Gut, die _____ . Sie ist für meinen Enkel. Er hat bald Geburtstag.

14 Ergänze die Slogans. Ordne die Fotos zu. 🔲 14

A Mit dem _____ Stift geht das Schreiben wie von allein. (richtig)

B Fruchtig und knackig, aber auch _____! Für den kleinen Hunger. (gesund)

C Gerader Rücken beim Lernen ist der _____ Erfolg. (halb)

D Weniger Zucker, mehr Energie – der _____ Pausensnack. (perfekt)

E _____ Spiele, die Spaß machen. (toll)

F Schnell und fehlerfrei – dein _____ Freund im Matheunterricht. (best-)

15 Ergänze die Adjektiv-Endungen in den Anzeigen. 🔲 14

Biete groß____ Wohnung
für Familie mit Kindern. ①

Verschenke alt____ Schulbücher
für Siebtklässler:
Mathe, Chemie und Biologie. ②

Wer hat spannend____ Krimis
von englisch____ Autoren?
Ich habe Interesse. ③

Suche nett____ Mathelehrer für meinen Sohn.
Er braucht Nachhilfe in Mathe. ④

Biete modern____ Computer
zum fair____ Preis. ⑤

16 Mach den Text interessanter. Erweitere ihn mit Adjektiven. Schreib in dein Heft. 🔲 14

Am Sonntag haben wir einen Ausflug gemacht. Wir waren an einem See in den Bergen. Zuerst haben wir im Wasser gebadet. Dann bekamen wir Hunger und aßen unsere Brote. Sarah hatte auch Kuchen dabei. Wir saßen am Strand und spielten Spiele. Plötzlich kamen Wolken. Es gab ein Gewitter mit Regen und Wind. Wir rannten zur Bushaltestelle. Es kam kein Bus, aber eine Autofahrerin nahm uns mit. Am Abend saßen wir zu Hause am Tisch und erzählten unseren Eltern von unserem Abenteuer.

🔲 Mein Ich-Buch 4

LERNWORTSCHATZ

die Statistik	ausgeben für + A	ungerecht	wenige
das Prozent	auskommen mit + D	kühl	viele
der Haushalt	reichen	salzig	die meisten
die Kosmetika (Pl.)	sich überlegen	sauer	
der Ferienjob	sparen für + A	würzig	total
der Flohmarkt	bezahlen	saftig	ziemlich
der Stand	aufbessern	günstig	etwas
der Schmuck	abmachen	genial	ein wenig
die Kette	empfehlen	perfekt	
der Hut	beschließen	rätselhaft	wahrscheinlich
der Zustand	aufhängen		an erster Stelle
die Größe	garantieren		zuletzt
der Preis			
die Werbung			Das überrascht mich.
das Produkt			Das habe ich nicht
der Moment			gedacht.
der/die Paprika			
der Autor			

A   Brückenwörter: Was passt zu beiden Wörtern? Schreib die Nomen mit dem Artikel auf.

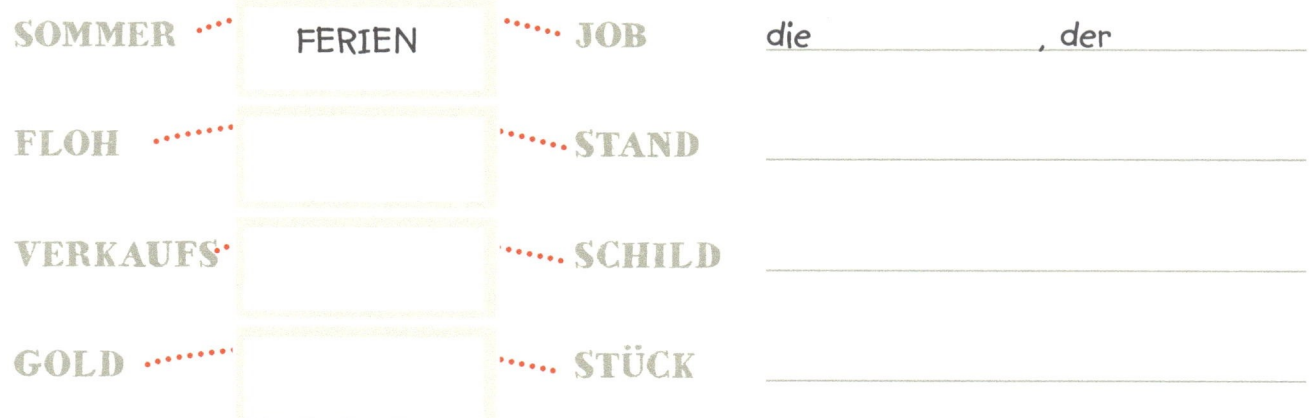

SOMMER ···· | FERIEN | ···· JOB   die _____ , der _____

FLOH ···· | | ···· STAND   _____

VERKAUFS· | | ···· SCHILD   _____

GOLD ···· | | ···· STÜCK   _____

B   Was passt nicht? Streich durch.

1. das Taschengeld   ausgeben • sparen • aufhängen • aufbessern
2. ein Produkt   empfehlen • bezahlen • anfertigen • beschließen
3. Werbung   senden • bilden • entwerfen • machen
4. den Preis   garantieren • bezahlen • beschließen • auskommen

C Was fehlt: -ig, -ich, -al?

salz_____   geni_____   saft_____   günst_____

würz_____   zieml_____   tot_____   wen_____

D Ergänze die Adjektive.

Besuchen Sie unser Restaurant

„Süß bis s _ _ _ _ _ g "

Ein Familienessen bei uns ist

g _ t und g _ _ _ _ _ g.

Die Atmosphäre ist auch für

Familienfeiern p _ _ _ _ _ t.

Kommen Sie und

überzeugen Sie sich selbst.

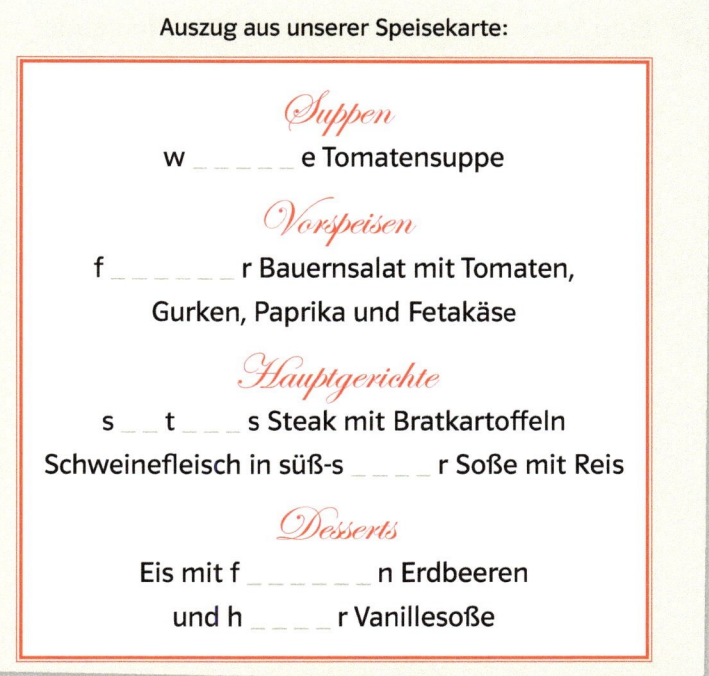

Auszug aus unserer Speisekarte:

Suppen

w _ _ _ _ _ e Tomatensuppe

Vorspeisen

f _ _ _ _ _ _ r Bauernsalat mit Tomaten,
Gurken, Paprika und Fetakäse

Hauptgerichte

s _ t _ _ _ s Steak mit Bratkartoffeln

Schweinefleisch in süß-s _ _ _ _ r Soße mit Reis

Desserts

Eis mit f _ _ _ _ _ _ n Erdbeeren

und h _ _ _ _ r Vanillesoße

E Wie kann man die unterstrichenen Wörter anders sagen? Finde ein Synonym in der Liste.

1. Die Schüler haben <u>entschieden</u>, das Geld dem Tierheim zu spenden.
2. Der Film ist <u>großartig</u>.
3. Die Äpfel auf dem Markt sind <u>nicht teuer</u>.
4. Unsere Handballmannschaft kommt leider <u>an letzter Stelle</u>.
5. Der Apfel schmeckt <u>ein bisschen</u> sauer.

F Antworte.

Was wünschst du dir zum Geburtstag?

Was schenkst du deinen Freunden zum Geburtstag?

Wofür gibst du das meiste Geld aus?

Sparst du für etwas?

Mein Lieblingswort

1 Eine Sprache – viele Länder: Ordne die Länder zu. Ergänze weitere Länder. 🔲 2

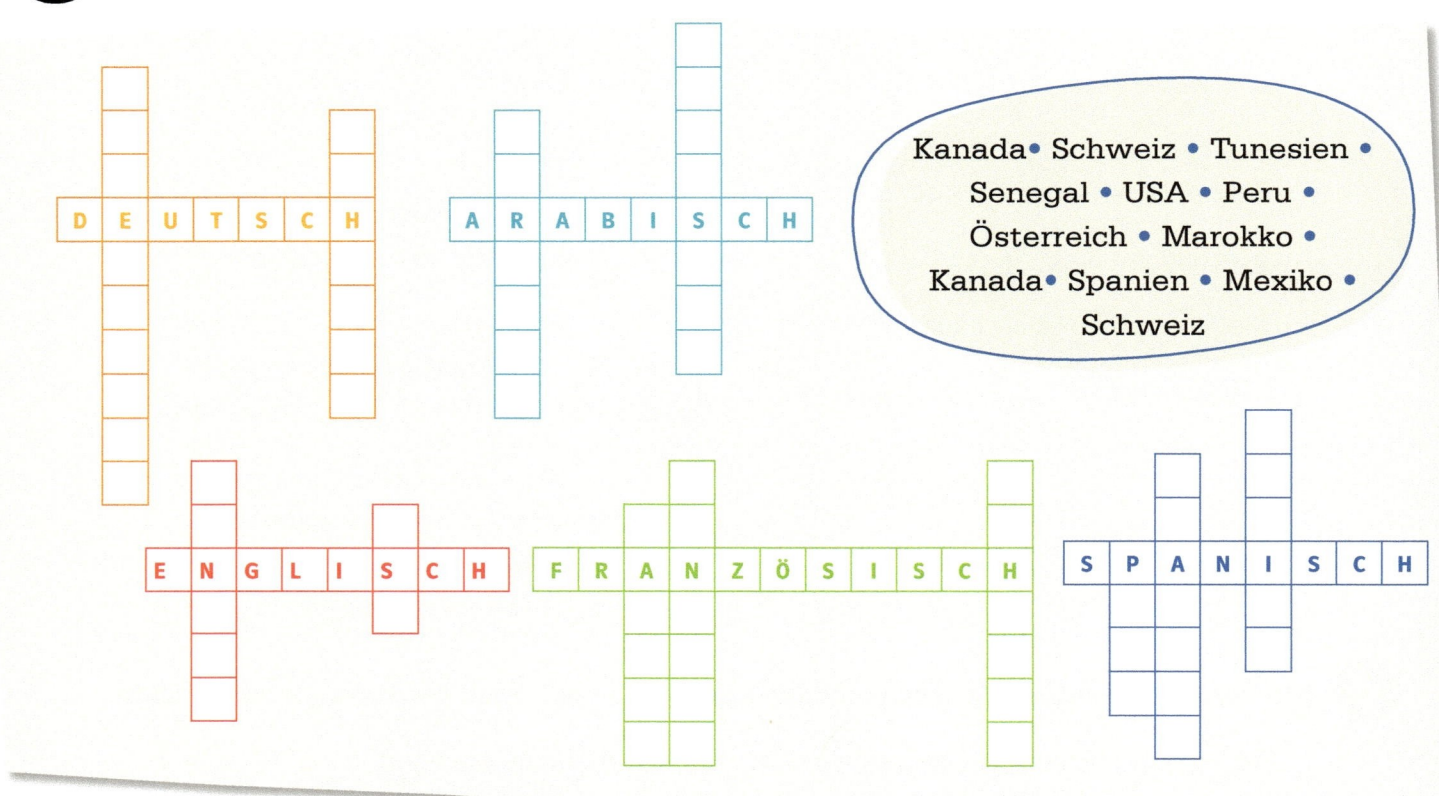

Kanada • Schweiz • Tunesien • Senegal • USA • Peru • Österreich • Marokko • Kanada • Spanien • Mexiko • Schweiz

D E U T S C H

A R A B I S C H

E N G L I S C H

F R A N Z Ö S I S C H

S P A N I S C H

2 Welche Sprache sprechen die Figuren? Schlag im Wörterbuch nach. 🔲 2

1. Asterix kommt aus Frankreich. Er spricht _____

2. Pinocchio kommt aus Italien. Er _____

3. Nils Holgersson kommt aus Schweden. Er _____

4. Mafalda kommt aus Argentinien. Sie _____

5. Chihiro kommt aus Japan. Sie _____

6. Lolek und Bolek kommen aus Polen. Sie _____

7. Die Simpsons leben in den USA. Sie _____

3 **a. Was passt zusammen?**

Verbinde mit dem passenden Satz und dem passenden Verb. ↗ 3

1. Max sieht ein Autorennen an,	obwohl er nur ein bisschen erkältet	
2. Anna geht spät ins Bett,	obwohl es schon dunkel	hat.
3. Felix geht nicht in die Schule,	obwohl er Sport im Fernsehen nicht	ist.
4. Die Kinder spielen noch draußen,	obwohl sie morgen früh aufstehen	muss.
5. Klara geht nicht zum Arzt,	obwohl sein altes noch in Ordnung	mag.
6. Daniel möchte ein neues Fahrrad,	obwohl sie Fieber	

b. Formuliere die Sätze um. Schreib in dein Heft.

Obwohl Max Sport im Fernsehen nicht mag, sieht er ...

4 **Verbinde die Sätze mit *obwohl*.** ↗ 3

1. Vera macht Hausaufgaben. Sie hat Kopfschmerzen.

Vera macht Hausaufgaben, obwohl sie Kopfschmerzen hat. /
Obwohl Vera Kopfschmerzen hat, macht sie Hausaufgaben.

2. Anton spielt Fußball. Sein Bein tut weh.
3. Ich lerne noch für den Test. Ich bin müde.
4. Erik möchte Profifußballer werden. Seine Eltern sind dagegen.
5. Ich habe etwas Angst vor unserem Sportlehrer. Er ist eigentlich ganz nett.
6. Die Kinder essen gern Pizza und Pommes. Das ist nicht gesund.
7. Ich höre oft Rockmusik. Meiner Mutter gefällt sie nicht.

5 **Wer sagt das? Ergänze *obwohl* oder *weil* und verbinde.** ↗ 3

1. Du hast wieder keine Mütze an, _____ du erkältet bist.

2. Ich brauche ein neues Handy, _____ mein altes kaputt ist.

3. _____ du morgen früh aufstehen musst, bist du immer noch nicht im Bett.

4. _____ du in der Nähe wohnst, kommst du jeden Tag zu spät.

5. Ich komme zu spät, _____ ihr mich nicht geweckt habt.

6. Du bekommst eine Drei, _____ du im Unterricht nicht mitarbeitest.

Eltern

Lehrer

Tochter

6 Wie ist es bei dir? Ergänze die Sätze. 🔲 3

Obwohl ich _____ ,

obwohl ich _____

und obwohl ich _____ , gehe ich gern zur Schule!

7 Was passt? Ergänze: weil, obwohl, als, wenn, dass. 🔲 6

Ich möchte das Projekt „Sprachen verbinden" vorstellen: Die Schüler der Klasse 7 haben

einen Text in verschiedene Sprachen übersetzt und einstudiert. _____ ich von diesem

Projekt erfahren habe, wollte ich gleich mitmachen. Wir hatten alle viel Spaß, _____

es nicht einfach war, sich die vielen fremden Wörter zu merken. Wir wollten durch unser

Projekt zeigen, _____ wir großes Interesse an anderen Sprachen und Kulturen haben.

_____ man mehrere Sprachen versteht, funktioniert das Miteinander besser. Ich finde

das Projekt sehr wichtig, _____ es die Gemeinschaft stärkt.

8 Was fehlt? Ergänze die Zusammenfassung. 🔲 6

Die Fünftklässler machten _____ Projekt Rollstuhlbasketball mit. Bei
dem Projekt ging es _____ Respekt und Empathie. Zusammen _____
einem Rollstuhlbasketballer probierten sie diesen Sport aus. Dabei sollten sie
mehr Verständnis _____ gehbehinderte Menschen entwickeln. Am Anfang
hatten sie viele Probleme _____ den Rollstühlen. Sie haben aber erfahren, wie
toll es ist, etwas zu schaffen. Zum Schluss gelang es ihnen sogar, ein Basketball-
spiel _____ die Lehrer zu gewinnen.

9 **FÜR PROFIS** Stell das Projekt in der Projektzeitung vor. 🔲 6

Projekt: Theatertage

Aktivitäten: ein Theaterstück aufführen,
Kostüme und Requisiten basteln

Worum geht es? Kreativität entwickeln,
spielerisch lernen

Was lernt man dabei? Gemeinschaft stärken,
Angst vor der Bühne verlieren,
frei sprechen

10 **Sag es anders. Schreib die Sätze in dein Heft.** ⤷ 7

1. Ich fahre mit dem Fahrrad zur Schule, obwohl es regnet.

   Es regnet. Trotzdem fahre ich mit dem Fahrrad zur Schule.

2. Laura hat eine Eins in Englisch bekommen, obwohl sie für den Test kaum gelernt hat.
3. Wir streiten uns oft, obwohl wir gute Freunde sind.
4. Martin geht zum Klavierunterricht, obwohl er nicht geübt hat.
5. Die Schüler trainieren draußen, obwohl es sehr kalt ist.
6. Ich bin vor dem Fernseher eingeschlafen, obwohl die Sendung interessant war.
7. Wir spielen gern Theater, obwohl wir immer Lampenfieber haben.

11 **Formuliere die Zeitungsmeldungen mit *trotzdem* oder *obwohl*.** ⤷ 7

Im Londoner Zoo hat ein Tiger einen Tierpfleger angegriffen. Seit einer Woche arbeitet er wieder.

Aus aller Welt

In Frankreich vergaß eine Familie ihren Hund auf einem Parkplatz an der Autobahn. Nach drei Tagen war der Hund wieder zu Hause.

In Jordanien hat es seit 78 Jahren nicht geschneit. Diesen Winter fielen dort 40 cm Schnee.

In Holland fiel eine Katze von einem Balkon im siebten Stock. Sie landete unverletzt auf der Straße.

In Australien gewann jemand 10 Millionen Dollar im Lotto. Seit fünf Monaten hat der Gewinner das Geld nicht abgeholt.

In Brasilien musste ein Flugzeug im Regenwald landen. Niemand hat sich verletzt.

Obwohl ein Tiger im Londoner Zoo ...,

12 **Ergänze die Sätze.** ⤷ 7

Ich interessiere mich für _____ , deshalb _____

Ich bin heute in der Schule zu spät gekommen, weil _____

Für den Test habe ich _____ geübt, trotzdem _____

Ich habe manchmal Streit mit _____ , obwohl _____

13 **Bilde Nomen. Schreib den Artikel dazu. Kontrolliere mit dem Wörterbuch.** ⤷ 8

sauber • _____

gesund • _____

möglich • _____

schwierig • _____

ehrlich • _____

aufmerksam • _____

14 Was passt zusammen? Verbinde. Schreib die Paare in dein Heft. ⤴ 8

Hilfsbereitschaft

Wir sind alle gute Freunde.

Wir behandeln andere Menschen so, wie wir selbst behandelt werden möchten.

Höflichkeit

Ehrlichkeit

Wir sagen immer die Wahrheit.

Wir grüßen andere, hören ihnen zu und unterbrechen sie nicht.

Pünktlichkeit

Fairness

Freundschaft

Wir helfen einander.

Wir kommen nie zu spät.

15 a. Was passt? Recherchiere und kreuz an. ⤴ 9

1. Souvlaki isst man in ☐ China. ☐ Russland. ☐ Griechenland.
2. Paella ist ein Gericht aus ☐ Mehl. ☐ Kartoffeln. ☐ Reis.
3. Der Kaiserschmarrn ist ☐ ein Fleischgericht. ☐ ein Salat. ☐ eine Süßspeise.
4. Bruschetta kommt aus ☐ Italien. ☐ Spanien. ☐ Mexiko.
5. Cheeseburger hat man in ☐ England ☐ Deutschland ☐ den USA erfunden.
6. Pelmeni ist eine Nudelspezialität aus ☐ Russland. ☐ der Türkei. ☐ Bulgarien.

b. Ordne die Fotos zu.

c. **FÜR PROFIS** Schreib Quizfragen für die anderen.

Tortilla   Rösti   Borschtsch   Chili con carne

Taboulé

Baklava   ...

16 **Ergänze die Beiträge. Zwei Wörter passen nicht.** ⌐ 9

Döner • Salat • Lieb-
lingsessen • Mehl •
Käse • Pfannkuchen •
Reis • Spaghetti

CHAT ✕

Jasmin Hey! Meine Freundin und ich, wir wollen am Wochenende etwas Leckeres
kochen. Habt ihr einen Tipp? Es sollte nicht zu kompliziert sein 🙂

Anita Ich esse am liebsten _____ mit Tomatensoße. Dazu passt
ein gemischter _____. Einfach lecker! Ich bin
ein richtiger Nudel-Fan. 😍

Laura Nichts ist besser als Pizza! Das ist mein absolutes _____.
Am besten schmeckt sie mir mit Salami, Tomaten und ganz
viel _____. Und wenn es nicht klappt: einfach den Pizza-
Service anrufen. 🙂

Marco Macht doch _____ mit Marmelade. Das schmeckt immer und
geht ganz schnell. Ihr braucht nur Eier, _____ und Milch.

17 **Gespräch mit Kilian: Ergänze die Fragen.** ⌐ 11

Was …?

Ich liebe Wiener Schnitzel.

Meistens dreimal am Tag, am
Wochenende öfter.

Wie oft …?

Ja, meine Mutter gibt mir meistens
einen Joghurt und einen Apfel mit.

Nimmst du …?

Kochst du …?

Ja, manchmal, ein Omelett
oder Nudeln.

Was …?

Fisch. Aber sonst esse ich alles.

18 **Ergänze die Kommentare über Ernährung.** ⌐ 11

Ich ernähre mich seit einem Jahr
vegan. Ich esse nichts, _____ von
Tieren stammt. ①

Alles, _____ man im Supermarkt fertig
kaufen kann, ist leider ungesund. Viel besser sind
Gerichte, _____ man aus frischen Zutaten
selbst kocht. Aber oft fehlt die Zeit,
_____ man zum Kochen braucht. ②

③ Wenn ich Hunger habe, esse ich alles, _____ auf
den Tisch kommt. Am leckersten ist der Käsekuchen,
_____ meine Mutter backt.

 Mein Ich-Buch 5

LERNWORTSCHATZ

der Klassenkamerad	die Süßspeise	sich unterhalten	verschlossen
die Nationalität	der Zimt	verlernen	wild
die Biografie	die Soße	übersetzen	ausländisch
die Muttersprache	der Ketchup	mischen	kulturell
die Fremdsprache	die Zwiebel	sich einigen	unwohl
die Vielfalt	die Kichererbse	stammen aus + D	verschieden
der Respekt	der Vegetarier	profitieren von + D	aufmerksam
die Toleranz	das Rindfleisch	sich merken	sorgfältig
das Verständnis	das Hackfleisch	gelingen	geeignet
das Heimatland	das Mehl	stärken	
die Kultur	die Nudeln (Pl.)	ausdrücken	sonst
die Gemeinschaft	der Reis	unterbrechen	obwohl
der Volkstanz	das Fladenbrot	umgehen mit + D	trotzdem
der Tanzschritt	die Dose	behandeln	vor allem
die Schwierigkeit	das Vitamin	dazugeben	allerdings
die Ehrlichkeit	die Mensa	verrühren	normalerweise
die Höflichkeit	der Löffel	erhitzen	nichts
der Mut	der Teig	verteilen	
der Fleiß	die Pfanne	wenden	Es geht um …
die Hilfsbereitschaft	der Pfannkuchen		
die Sorgfalt	die Zutat		
die Pünktlichkeit			
die Verantwortung			
die Wahrheit			

A Eigenschaftenschlange: Trenn die Adjektive. Schreib die Nomen dazu.

MUTIGSORGFÄLTIGFLEISSIGTOLERANTVERSTÄND-

NISVOLLHILFSBEREITPÜNKTLICHRESPEKTVOLL

- der Mut
-
-
-

-
-
-

B **Was passt zusammen? Verbinde.**

aus der Türkei   umgehen
von der Vielfalt   stammen
sich auf Deutsch   profitieren
mit dem Problem   unterhalten
die Muttersprache   unterbrechen
sich auf eine Sprache   einigen
viel ohne Worte   verlernen
die Mitschüler   ausdrücken

C **Stell eine Speisekarte zusammen.**

Suppen und Salate	*Hauptgerichte*	*Süßspeisen*
Zwiebelsuppe	Rindfleisch mit _____	_____ mit Vanillesoße
_____	_____ mit Tomatensoße	_____ mit _____
Kartoffelsalat	_____ mit Weißbrot	Milchreis mit _____
_____	_____ mit _____	_____

D **Wie heißen die Tätigkeiten?**

_____   _____   _____   _____

E **Antworte.**

Welche Regeln habt ihr in eurer Klasse?

_____

_____

_____

LERNEN MIT KOPF, ❻ HERZ UND HAND

1 **Frage oder Vermutung? Ergänze die Satzzeichen:** `.` oder `?` ⬀ 1

1. Ich glaube, dass die Schüler eine Weltreise machen ☐
2. Kannst du sagen, wohin sie fahren ☐
3. Wahrscheinlich lernen sie, wie man segelt ☐
4. Weißt du vielleicht, wie lange die Schifffahrt dauert ☐
5. Es kann sein, dass das Schiff nach Amerika fährt ☐

> zwei • fünf • sechs • zehn
> • vierunddreißig • fünfzig •
> zweitausendneun •
> dreitausendsiebenhundert

2 **Ergänze in Zahlen. Kontrolliere mit dem Text im Kursbuch.** ⬀ 2

Das Projekt „Klassenzimmer unter Segeln" gibt es seit _____. Auf dem Segelschiff „Thor Heyerdahl" erleben jedes Jahr _____ Schüler ein außergewöhnliches Schuljahr. An Bord sind insgesamt _____ Personen, davon _____ Lehrer. _____ Monate dauert die Reise. Die Schüler sind in _____ Gruppen aufgeteilt: Die eine bekommt Unterricht, die andere hat praktische Aufgaben an Bord. Die Schüler gehen auch oft an Land. Auf der Insel Teneriffa haben sie einen _____ Meter hohen Berg bestiegen. Für die Schüler der _____-ten Klasse ist die Fahrt auf jeden Fall ein großes Erlebnis.

3 **Aus einem Bordtagebuch: Ergänze den Eintrag.** ⬀ 2

Ich wollte unbedingt etwas Neues _____ und nicht immer nur die _____ drücken. Jetzt ist es endlich so weit! Unser _____ lief vor drei Tagen pünktlich aus dem Kieler Hafen aus. Am ersten Tag musste ich mich mit meiner Gruppe schon um das Mittagessen _____: Kochen für die ganze _____ ist echt kein Kinderspiel. Und gestern habe ich nachts Wache _____! Unsere erste Station ist Teneriffa, wo wir einen Berggipfel _____. Volles Programm also, aber an diese Reise _____ ich mich garantiert mein ganzes Leben lang!

4 **Was passt? Kreuz an.** ⤴ 3

Ich finde das Projekt „Klassenzimmer unter Segeln" toll.

Ich	☐	wäre	☐	würde	gern dabei.
Das	☐	wäre	☐	hätte	bestimmt ein großes Abenteuer.
Ich glaube, ich	☐	würde	☐	hätte	keine Probleme auf der Fahrt.
So eine Reise	☐	würde	☐	hätte	mein Leben verändern.
Ich	☐	wäre	☐	würde	viele neue Freunde finden.
Vielleicht	☐	wäre	☐	hätte	ich ein bisschen Heimweh,
aber das	☐	wäre	☐	würde	nicht so schlimm.

5 **a. Ergänze den Chat: wäre, hätte, würde?** ⤴ 3

CHAT ✕

Lisa Hallo! Ich mache vielleicht ein Auslandsjahr in Spanien. Ich bin mir aber noch nicht sicher. Würdet ihr das machen?

Anna-Maria Ein ganzes Jahr im Ausland – das _____ nichts für mich. Ich glaube nicht, dass ich glücklich _____. Ich _____ bestimmt Heimweh.

Patrick Ich _____ am liebsten eine Weltreise machen und jeden Monat in einem anderen Land zur Schule gehen. Das _____ doch total spannend! Überleg mal, wie viel Neues du sehen _____! Ich _____ bestimmt viel Spaß. Und ich _____ sehr viel für meine Zukunft lernen.

Felix Nein, das _____ nichts für mich. Ich _____ meine Freunde total vermissen. Und mit Spanisch _____ ich auch ziemliche Probleme.

Vanessa Ich finde es super interessant, Schule in einem anderen Land kennenzulernen, deshalb _____ ich es sofort machen. Natürlich _____ es nicht leicht, aber man findet neue Freunde und lernt die Sprache.

b. FÜR PROFIS Schreib deine Meinung.

_____

_____

_____

6 Wie wäre das Leben ohne Freunde? Wähl aus und formuliere 4 Sätze. 🔲 3

immer traurig sein   schlechte Laune haben   oft allein sein

niemanden zum Reden haben   keine Mitspieler für ... haben

keinen Spaß haben   ...

Ohne meine Freunde wäre ich ...

7 Wovon träumen die Jugendlichen? Formuliere Sätze. Schreib sie in dein Heft. 🔲 3

Laura würde gern eine ... machen.

8 Lies die Mindmap. Sammle eigene Ideen für deine Traumschule. Schreib einen Text. 🔲 4

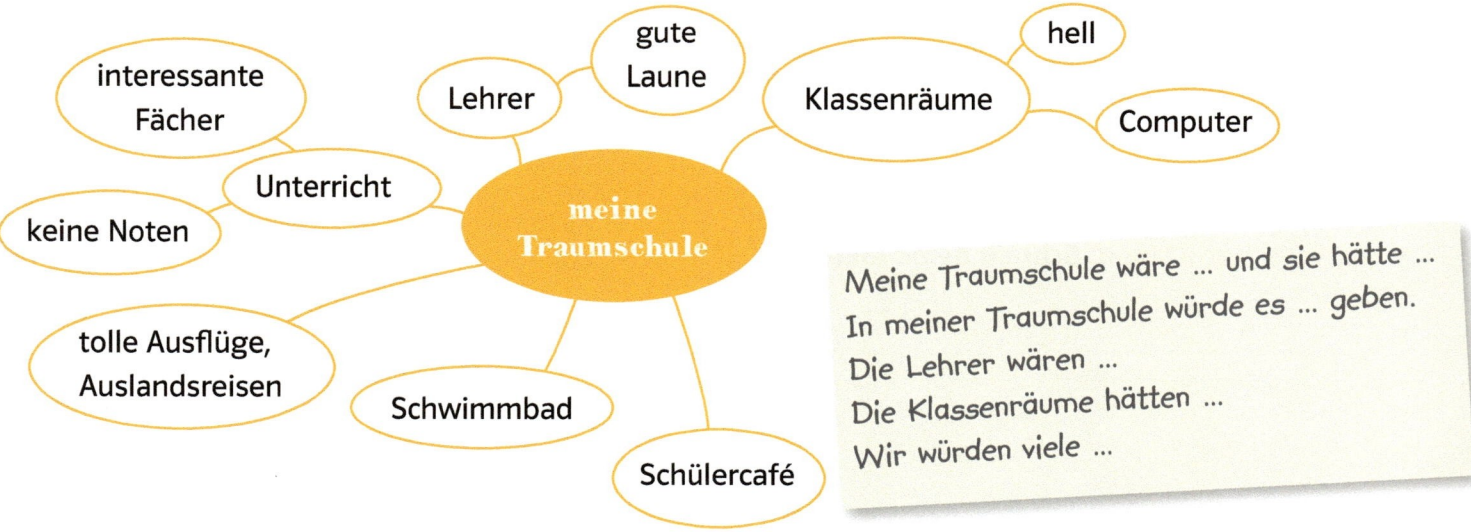

Meine Traumschule wäre ... und sie hätte ...
In meiner Traumschule würde es ... geben.
Die Lehrer wären ...
Die Klassenräume hätten ...
Wir würden viele ...

9 Wer möchte was machen? Ergänze die Sprechblasen. ↗ 5

Ich möchte gern im Internet über Vulkane r_____ und dazu eine Präsentation e_____. **1**

2 Ich würde lieber den Wald im Herbst b_____ und die Natur genau b_____.

Wollen wir nicht lieber Filme a_____ und darüber d_____? **3**

4 Ich bin dafür, dass wir ein Experiment m_____ und die Werte a_____.

Viel interessanter wäre es, Entwürfe für ein grünes Klassenzimmer zu z_____ und ein Modell zu b_____. **5**

10 Was passt zusammen? Verbinde. ↗ 7

1. Seit meine kleine Schwester zur Schule geht,
2. Es dauert immer lange,
3. Seit Alexa Karate macht,
4. Ich rechne schnell und ohne Fehler,
5. Seit ich Veronika kenne,
6. Das Kind hat geweint,
7. Seit ich mit Lernkarten lerne,

a. sind wir die besten Freundinnen.
b. seit ich Nachhilfe in Mathe bekomme.
c. bis es eingeschlafen ist.
d. gehen wir zusammen aus dem Haus.
e. bis Finn sein Zimmer aufräumt.
f. kann ich mir Wörter besser merken.
g. fühlt sie sich selbstbewusst.

11 Ergänze die Kurznachrichten: *seit* oder *bis*? ↗ 7

Tina
Du fehlst so sehr, _____ du nach Berlin umgezogen bist! 😢

Nico
Warte bitte vor dem Kino auf uns, _____ wir da sind. Wir brauchen noch 5 Minuten.

Max
Es dauert noch eine halbe Stunde, _____ wir zu Hause ankommen. Der Bus hat Verspätung.

Aylin
Wir mussten so lange in der Schule bleiben, _____ alle mit der Aufgabe fertig waren. Echt doof! 😡

Alex
_____ ich dich gestern gesehen habe, kann ich an nichts anderes denken. 😊

Linus
Taekwondo ist super. Ich fühle mich viel fitter, _____ ich den Kurs mache. Willst du nicht auch kommen?

12 **FÜR PROFIS** Kombiniere. Schreib 5 Sätze mit *bis* oder *seit*. ↗ 7

befreundet sein	wenig Zeit haben	gut sprechen
trainieren	fernsehen	üben
zur Schule gehen	einschlafen	sich besser fühlen
Deutsch lernen	telefonieren	eine Medaille gewinnen

13 Wie viele Wörter waren im Lerntypentest richtig? Trag dein Ergebnis aus dem Kursbuch ein und verbinde die Punkte zu einem Dreieck. ↗ 8

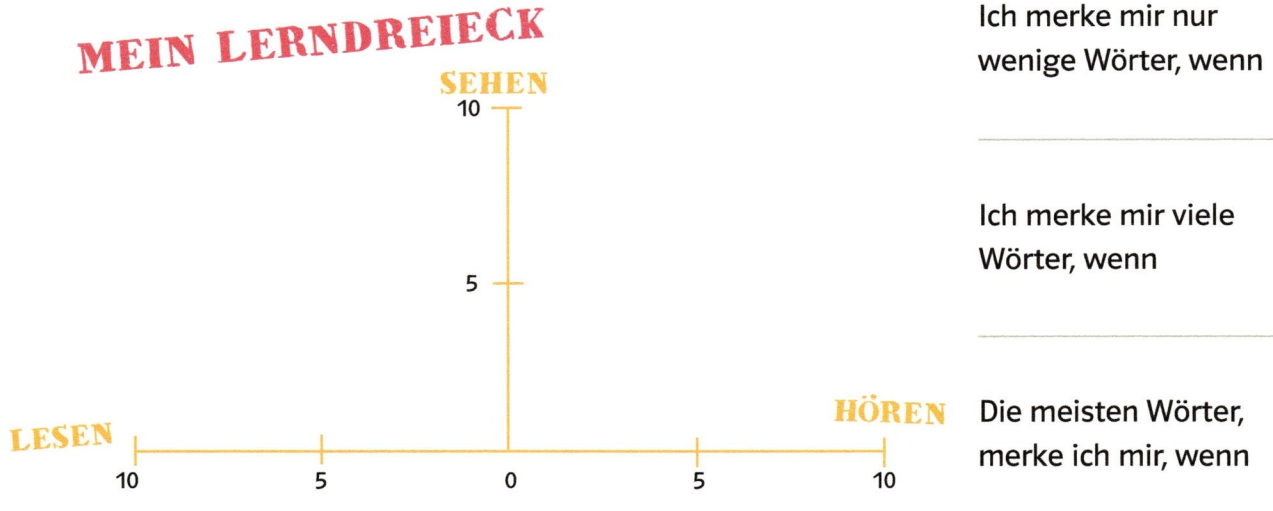

MEIN LERNDREIECK

Ich merke mir nur wenige Wörter, wenn
_____

Ich merke mir viele Wörter, wenn
_____

Die meisten Wörter, merke ich mir, wenn
_____

14 Formuliere Tipps für Ben. Schreib in dein Heft. ↗ 8

Ben: Hilfe, ich habe keine Lust zum Lernen! Meine Noten werden immer schlechter und meine Eltern machen Stress, dass ich sitzen bleibe. Ich habe vor allem Probleme mit Chemie und Physik, weil ich mich nicht konzentrieren kann. Ich kann mir die Formeln einfach nicht merken und bringe alles durcheinander.

Versuch doch mal, …
An deiner Stelle würde ich …
Du könntest …
Es hilft, …

einen Lernpartner suchen • Lernkarten schreiben • öfter Pausen machen • regelmäßig üben • Lernplakate machen • mehr schlafen • um Nachhilfe bitten • …

15 **Wozu machen sie das? Schreib Sätze in dein Heft.** 🔲 10

1. Marie hört englische Songs.　　*Marie hört englische Songs, um neue Vokabeln zu lernen.*

2. Die Lehrerin zeichnet an die Tafel.
3. Die Schüler suchen im Text die Schlüsselwörter.
4. In Geografie erstellen sie ein Länderposter.
5. Sie machen sich im Unterricht Notizen.
6. Nina liest das Gedicht immer wieder laut.
7. Viele lesen E-Books.
8. Leo und Maja arbeiten zusammen.

> Europa besser kennenlernen • den Text schneller lernen • etwas erklären • neue Vokabeln lernen • den Zeitungsartikel besser verstehen • mehr Ideen haben • sich an das Wichtigste erinnern • keine Bücher mehr tragen

16 **Ergänze die Sätze.** 🔲 10

Meine Eltern geben mir Taschengeld, damit _____

Ich stehe früh auf, um _____

Unsere Deutschlehrerin gibt uns viele Hausaufgaben, damit _____

_____

Nach der Schule mache ich Sport, um _____

Ich helfe zu Hause, damit _____

17 **Formuliere Argumente pro und contra.** 🔲 12

Sitzen bleiben und ein Schuljahr wiederholen?

den Stoff wiederholen　　sich verbessern　　bessere Noten bekommen

die Abschlussprüfung später machen　　den Kontakt zu

Freunden verlieren　　in eine neue Klasse kommen

eine neue Chance bekommen　　...

Meiner Meinung nach _____

Ich sehe den Vorteil, _____

Der Nachteil ist, _____

Außerdem _____

Ich finde auch, _____

🔲 Mein Ich-Buch 6

LERNWORTSCHATZ

das Segelschiff	mitfahren	außergewöhnlich
der Mast	segeln	öde
das Segel	sich kümmern um + A	freiwillig
die Besatzung	sich leisten	positiv
der Kapitän	sich bewerben	negativ
der Atlantik	unterrichten	
der Sturm	sich erinnern an + A	damit
das Stipendium	sich trauen	um ... zu ...
die Region	nachdenken	pro und contra
der Bauer	untergehen	
die Ausdauer	diskutieren	an Bord
das Heimweh	beobachten	Ich bin gespannt auf ...
das Knie	analysieren	Es fällt mir schwer, ...
das Chemielabor	recherchieren	Meiner Meinung nach ...
die Aktivität	erstellen	Ich bedanke mich für die
der Entwurf	beschreiben	Aufmerksamkeit.
die Präsentation	experimentieren	
der Wert	abfragen	
die Hälfte	durcheinander-	
die Vokabel	bringen	
der Lerntyp	aufnehmen	
der Spaziergang	einfallen	
das Ferienlager	Notizen machen	
die Abschlussprüfung	vortragen	
die Nachhilfe	nutzen	
die Berufschance	erlauben	
der Vorteil	büffeln	
der Nachteil	sich erholen	

 A **Ergänze mit passenden Verben.**

ein Plakat *malen, erstellen,* _____

Fehler _____

ein Bild _____

über ein Thema _____

ein Gedicht _____

B **Was fällt dir im Leben schwer? Was fällt dir leicht?**

🙂 Es fällt mir leicht, _____

_____

😢 Es fällt mir schwer, _____

_____

C **Was fehlt? Ergänze.**

1. nachhelfen • _die Nachhilfe_____
2. _____ • der Unterricht
3. _____ • die Beschreibung
4. spazieren gehen • _____

5. _____ • die Diskussion
6. entwerfen • _____
7. _____ • die Aufnahme
8. präsentieren • _____

D **Wer oder was ist das? Lös das Rätsel.**

1. Man braucht ihn, um das Schiff zu steuern: _____

2. Man bekommt es, um sich etwas leisten zu können: _____

3. Man macht ihn, um sich an der frischen Luft zu bewegen: _____

4. Man braucht sie, um eine schwierige Aufgabe nicht aufzugeben: _____

5. Man bekommt sie, um in einem Fach besser zu werden: _____

E **Antworte.**

Was ist dein Lieblingsfach? Warum?

Was würdest du noch gern lernen?

Welche Tricks hast du beim Deutschlernen?

Mein Lieblingswort:

Spielt zu viert: Würfelt und löst die Aufgabe. Der / die Spielleiter/in kontrolliert die Lösung (S. 119).

Richtig? – Der / die nächste Spieler/in würfelt.

Falsch? – Geh auf dein Feld zurück.

START

1 Nenne fünf Sportarten, die man draußen machen kann.

2 Ergänze die Sätze.
Es macht mir Spaß, …
Ich finde es wichtig, …
Ich versuche, …

3 Nenne fünf Musikinstrumente.

4 Ergänze.
…, deswegen mache ich Sport.

5 Formuliere zwei Fragen an einen Sportler.
Ich möchte gern wissen, …
Mich interessiert, …

6 Was für Musik magst du?
Warum?
Wo und wann hörst du Musik?
Sag fünf Sätze.

7 Was weißt du über den Schwarzwald? Nenne drei Fakten.

8 Ergänze.
Das Mikroskop ist ein Gerät, mit dem …
Der Computer ist eine Erfindung, mit der …

9 Ergänze den Dialog.
○ Bringen Sie _____ bitte die Skischuhe in Größe 36.
● Passen sie _____?
○ Ja, ich kaufe _____.

10 Wofür gibst du dein Taschengeld aus?
Wie viel? Warum?
Sag drei Sätze.

11 Physik, Chemie, Biologie – nenne vier Aktivitäten, die zu diesen Fächern passen.

12 Erfinde einen Werbeslogan für ein Geschenk aus dem Schwarzwald.

13 Beende die Sätze.
Die Alpen sind ein Gebirge, wo …
Die Schweiz ist ein Land, wo …

14 Verbinde mit *obwohl* oder mit *trotzdem*.
es ist kalt • wir sind den ganzen Tag draußen
wir kommen ans Ziel • die Piste ist schwer

Ergänze die Werbeslogans.

Ein ... Geschenk mit ... Ideen für ... Kinder!

Ein ... Film vom ... Regisseur für einen ... Kinoabend!

19

20

Verbinde mit _damit_ und _um ... zu_.

- einen Skikurs besuchen • besser Ski fahren
- der Skilehrer zeigt Übungen • die Technik verbessern

18

Was würdest du machen, wenn du im Lotto gewinnen würdest?

Formuliere drei Wünsche.

21

Fahr zur Skihütte und bilde 5 Nomen zu den Adjektiven.

tolerant   respektlos

ungesund   schwierig

langweilig   sorgfältig

höflich   ehrlich

fleißig   fair

schrill

offen   öde

Was steht auf der Speisekarte? Nenne drei internationale Gerichte und sag, aus welchem Land sie kommen.

17

22   Ergänze.

Ich kann besser Ski fahren, seit ...

Ich trainiere so lange, bis ...

Du trinkst einen warmen Tee in der Skihütte. Sammle dabei alle positiven Adjektive.

16

Nenne sechs Schulfächer.

23

ZIEL

24

Dein Freund kann noch nicht so gut Deutsch. Gib ihm drei Tipps.

Was passt nicht?

- Reis • Kartoffeln • Rindfleisch • Nudeln
- Paprika • Banane • Zwiebel • Tomate
- Mehl • Zucker • Milch • Dose

15

UMWELT BRAUCHT SCHUTZ **7**

1 **Was passt zu den Wörtern? Ordne zu.** 📄 1

(Umwelt-) (Luft-)

_____

(Wasser-)

(Lebensmittel-)

_____

(Energie-) (Wasser-)

(Umwelt-) (Klima-)

_____

(Natur-) (Tier-)

der Schutz
die Trennung
die Verschmutzung
die Verschwendung

_____

(Müll-)

2 **Wann ist welcher Gedenktag? Schreib Sätze.** 📄 2

der Boden • die Eisbären •
die Sonne • das Meer •
der Park • die Meteorologie

8.6.

3.5.

27.2.

23.3.

5.12.

24.5.

Am achten Juni ist der Tag des _____ . Am

_____

_____

3 Ergänze die Artikel im Text. ↗ 3

Wälder gehören neben den Ozeanen zu den produktivsten Ökosystemen und sind für d_____ Zukunft d_____ Erde sehr wichtig. Die Bäume spenden nicht nur Sauerstoff, sie sind auch d_____ Lebensraum d_____ Tiere. Besonders wichtig ist d_____ Schutz d_____ Regenwälder. In vielen Ländern wollen die Menschen mit dem wertvollen Holz Geld verdienen, aber d_____ Zerstörung d_____ Wälder führt unter anderem zur Erwärmung d_____ Klimas. Um auf d_____ Bedeutung d_____ Waldes hinzuweisen, organisiert der Naturbund eine Müllsammelaktion in den umliegenden Wäldern. Informiert euch und macht mit bei d_____ Aktion d_____ Umweltschützer!

4 Was ist das? Lös das Bilderrätsel. ↗ 4

der Flügel _____   _____   _____   _____

eines _____   _____   _____   _____

5 Meine Familie: Ergänze. ↗ 4

Der Bruder meiner Mutter ist mein _____.

Die Mutter _____ Vaters ist meine _____.

Die Schwester _____ Vaters ist meine _____.

Der Vater _____ Mutter ist mein _____.

Die Kinder _____ Großeltern sind meine _____.

Die Tochter _____ Tante ist meine _____.

Der Sohn _____ Onkels ist mein _____.

6 **Was sagt Leo? Ergänze die Wörter.** 🔊 6

Ich bin für eine umwelt-
fr___ ___ ___ ___ ___ ___ ___ ___ ___
Schule! Verschwendet keine
Ene___ ___ ___ ___, kontrolliert nach
Schulschluss, ob die Fenster ___ ___
sind. Schaltet das ___ ___ ___ ___t
aus.

Lasst bitte keinen M___ ___ ___ auf
den Tischen und auf dem Boden liegen.
Werft ihn in den Müllei___ ___ ___.
Überprüft, ___ ___ der Müll im richtigen
Eimer landet.

7 **Was gehört in welche Mülltonne? Verbinde und formuliere Sätze.** 🔊 7

... gehören in die Papiertonne. ... gehört ...

8 **a. Welche Aktivität passt nicht? Streich durch.** 🔊 7

1. der Deutschunterricht: sprechen • zuhören • schlafen
2. die Prüfung: sich konzentrieren • Musik hören • ankreuzen
3. die Theatervorstellung: chatten • zuschauen • klatschen
4. der Flug: telefonieren • essen • aufstehen
5. das Popkonzert: tanzen • singen • Videos machen
6. die Mathestunde: singen • rechnen • Formeln schreiben

b. Was soll man nicht machen? Bilde Sätze mit *während*.

Während des Deutschunterrichts *soll* man nicht ...

9 **Was wünschen sich die Menschen? Ergänze die Slogans mit passenden Wörtern.** ↗ 8

A
Umweltfreundliche Elektrobusse
statt _____
für unsere Stadt!

B
Mehr Bäume statt _____ !

Schulen • die Atomkraft •
die Windenergie •
Flugzeuge • eine Autobahn •
ein Bürohochhaus •
ein Einkaufszentrum • Autos •
eine Stadt aus Glas und Beton

C
Warum nicht Sonnenenergie
statt _____ ?

E
Statt _____ lieber
Spielplätze für unsere Kinder!

D
Einen schöneren Stadtpark
statt _____ !

10 **Warum ist das für dich wichtig? Wähl aus oder ergänze mit eigenen Ideen.** ↗ 9

Schule ist wichtig für mich wegen
meiner Freunde, wegen _____
und wegen _____

Die Ferien _____
_____
_____

meine Lieblingsfächer •
der Abschluss •
die Geschenke •
die Erholung • die
Reisen • die Familie •
das Zeugnis • die Ruhe •
die Projekte • die
Stimmung • die Party •
...

Mein Geburtstag ist _____
_____
_____

Weihnachten _____
_____
_____

11 **Wann und warum musste der Rettungshubschrauber fliegen?**
Schreib Sätze wie im Beispiel. ↗ 9

Zeit	Grund
die Nacht zum 04.01.	ein Autounfall
der Vormittag am 06.01.	eine Lawine
die Morgenstunden am 09.01.	ein Sturm
der Abend am 10.01.	ein Feuer in einer Fabrik
das Wochenende vom 12. bis zum 13.01.	die Verletzten beim Sportwettkampf

Der Rettungshubschrauber flog während der Nacht zum vierten Januar wegen eines ...

12 **a. Wo passen die Wörter? Markiere die Stellen und schreib den Text in dein Heft. Vergleiche mit dem Romananfang im Kursbuch.** ↗ 10

Für die meisten Tiere begann ein neuer Tag. Die Sonne war untergegangen und die Luft kühlte ein wenig ab. Es dämmerte und für den Dachs bedeutete dies, dass er zum Leben erwachte. Er verließ sein Schlafzimmer, das mit Blättern und mit Gras aus-gelegt war, und schlenderte durch die Verbindungsgänge auf den Ausgang zu. Dort blieb er stehen und schnupperte. Der Dachs sah, dass der Waldkauz in der Nähe auf dem Zweig einer Buche saß, also trottete er hinüber, um ein paar Worte mit ihm zu wechseln.

trocken •
unterirdisch • heiß
• gemütlich •
endlich • wachsam
• gerade

b. Was passt für die Menschen? Kreuz an.

Der Tag ...	geht zu Ende.	... fängt an.
die Sonne geht unter	☐	☐
die Luft kühlt ab	☐	☐
... erwacht zum Leben	☐	☐
es dämmert	☐	☐
... öffnet die Augen	☐	☐

c. Wie steht es im Roman? Such die unterstrichenen Ausdrücke.

Der Dachs ging durch die Verbindungsgänge auf den Ausgang zu. _____

Er ging zum Waldkauz hinüber, um mit ihm zu sprechen. _____

Der Fuchs begrüßte sie freudig. _____

Die Menschen sind sehr schnell mit ihrem Zerstörungswerk. _____

„Wir sind alle in der gleichen Situation – Klein und Groß." _____

„Die Versammlung muss sofort stattfinden." _____

„Die Situation ist sehr bedenklich." _____

Er sah den Fuchs ernst an. _____

„Wir müssen es den anderen sagen", unterbrach ihn rasch der Fuchs. _____

13 Formuliere Regeln für den Wald. ⤴ 11

Wenn alle _____,

wenn keiner _____,

wenn jeder _____

und wenn niemand _____,

_____ dann bleibt unser Wald schön!

> Müll liegen lassen •
> Blumen pflücken •
> Feuer machen •
> die Wanderwege verlassen •
> die Natur respektieren •
> die Tiere stören •
> seinen/ihren Müll
> mitnehmen • ...

14 FÜR PROFIS Ergänze die Sätze. ⤴ 12

Wenn die Menschen den Teich zuschütten, _____

Die Tiere wissen nicht, was _____

Sie haben Angst, dass _____

Seit die Menschen _____

Der Dachs organisiert eine Versammlung, damit _____

Sie beschließen, _____

Obwohl die Tiere _____

15 Was ist richtig? Wähl aus. ⤴ 13

_____ Leo,

_____ deine E-Mail. Ich habe meine Eltern

gefragt und ich darf zur Fahrradtour mitkommen. Was müssen

wir denn mitnehmen? Findet die Tour auch bei schlechtem

Wetter statt? Bitte _____ mir bald.

Ich _____ mich auf den Ausflug!

_____

Maja

a. Hallo   b. Liebe

a. danke für   b. danke sehr

a. ruf an   b. antworte

a. freue   b. warte

a. Vielen Grüßen   b. Viele Grüße

⤴ Mein Ich-Buch 7

LERNWORTSCHATZ

die Luft	der Detektiv	verschmutzen	künstlich
das Klima	die Spur	verschwenden	wertvoll
das Lebensmittel	der Künstler	trennen	global
die Bedeutung	der Aktivist	überleben	umweltfreundlich
die Selbstverständ-lichkeit	der Mülleimer	aufmerksam machen auf + A	giftig
die Organisation	die Mülltrennung	ausdenken	wiederverwendbar
der Strom	die Müllvermeidung	einführen	besorgt
die Quelle	der Restmüll	besprechen	trocken
der Planet	der Biomüll	produzieren	gemütlich
die Zukunft	die Tonne	verwenden	der / das / die gesamte
der Schutz	die Verpackung	benutzen	
das Drittel	die Tüte	aufdrehen	statt
die Erwärmung	die Kosten (Pl.)	spucken	wegen
die Küste	die Heizung	heizen	während
die Zerstörung	die Wiese	brennen	jeder
die Verschwendung	der Teich	zurückbringen	keiner
die Verschmutzung	der Bach	respektieren	bloß
die Reinigung	der Vorschlag	pflücken	
die Wiederverwer-tung	die Lage	einen Baum fällen	Die Fenster sind zu.
	der Gedanke	verlassen	
	das Naturschutz-gebiet	zuschütten	
	der Roman	austrocknen	
		eine Versammlung abhalten	
		auswandern	
		beginnen	

A Bilde Wörter.

-müll

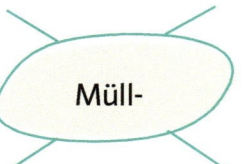

Müll-

B **Was fehlt? Ergänze.**

_____ • die Erwärmung

_____ • die Zerstörung

verschwenden • _____

verschmutzen • _____

_____ • die Reinigung

verpacken • _____

_____ • die Wiederverwendung

heizen • _____

C **Welche Verben aus der Liste passen?**

Bäche und Teiche kann man _____

Die Natur soll man _____

Den Müll kann man _____

Vorschläge kann man _____

Umweltfreundliche Verpackung soll man _____

D **Ergänze die Endungen in den Schlagzeilen: -lich, -ig, -voll, -bar.**

Wissenschaftler testen die künst_____e Intelligenz

Energie durch wert_____en Biomüll

Bürger fordern umweltfreund_____e Politik

Achtung: gift_____er Müll!

Neues Restaurant mit gemüt_____er Atmosphäre

Der Weg der wiederverwend_____en Glasflasche

E **Antworte.**

Welche Umweltprobleme gibt es an deinem Wohnort?

_____

_____

Schützt unseren Lebensraum

Was tust du für die Umwelt?

_____

_____

Mein Lieblingswort:

1 **Berufspyramide: Lös das Rätsel.** ⤢ 1

Sie hilft den Menschen auf Flugreisen.
Er unterrichtet Kinder.
Er behandelt die Kranken.
Er recherchiert und schreibt Artikel
  für die Zeitung.
Er programmiert und entwickelt Softwares.
Sie arbeitet in einer Bank und berät Kunden
  in Geldfragen.
Er sorgt für Ordnung und beschützt
  die Menschen.

```
                    R
                  E
                O
              O
            A
          I
        F
```

2 **Was fehlt? Ergänze die Wörter im Chat.** ⤢ 3

CHAT ✕

Jan Hey, ich muss bald ein Prak_____ machen und habe keine Ah-
nung, was mich da erwartet. Was musstet ihr während eures Praktikums
machen? War das anstr_____?

Annika Ich habe mein Praktikum im Kindergarten bei einer Er_____
gemacht. Ich musste mich um die Kinder kü_____, mit ihnen
spielen, sin_____ und Sport machen. Das hat Spaß gemacht.

Tobias Ich habe bei einem Anwalt gear_____. Das fand ich ziemlich
lan_____. Ich hatte keine intere_____ Aufgaben,
weil ich keine richtige Ausb_____ habe.

Niko Bei mir war das anders. Ich war in einer Werbeagentur und durfte an einem Projekt mitar_____. Ich hatte einige gute Id_____
und die anderen meinten, ich bin richtig kreativ. Aber Verantwortung
musste ich natürlich noch nicht über_____.

3 **Ergänze die Dialoge mit den Wörtern in der richtigen Form.** ↗4

1. ○ Darf ich unseren neuen _____ vorstellen? Lukas Henkel.

   ● Herzlich willkommen!

2. ○ Wer ist der _____ dieses Musikstückes?

   ● Ich kenne den _____ leider nicht.

3. ○ Kennst du den _____ da?

   ● Nein, aber ich glaube, meine Schwester geht mit diesem _____ in eine Klasse.

4. ○ Wie heißt der _____, der das neue Museum entworfen hat?

   ● Ich habe den Namen des _____ leider vergessen.

5. ○ Geht es in dem Film um das Leben auf einem anderen _____?

   ● Es geht eigentlich um einen _____, der zu einem anderen _____ fliegen soll.

4 **Was passt zusammen? Such auf dem Bild und verbinde. Markiere Nomen, die zur n-Deklination gehören.** ↗4

1. Das Obst gehört   die Giraffe.
2. Felix spielt mit   dem kleinen Jungen.
3. Das Eis gehört   des Leoparden.
4. Niemand stört den Schlaf   dem Affen.
5. Leo beobachtet   den Löwen und sein Baby.
6. Der Opa und sein Enkel gehen zu   den Raubtieren.
7. Wau sieht   dem Elefanten.

5 **a. Um welche zwei Berufe geht es? Ergänze die Wörter in der richtigen Form.** ↗ 4

> Hallo,
>
> ich heiße Dario und ich komme aus Italien. Mein Berufswunsch ist _____, weil
>
> ich mich für Kunst und Architektur interessiere. Der Beruf eines _____ ist niemals
>
> langweilig, weil man immer etwas Neues schaffen kann. Ich kenne einen _____,
>
> der schon an einem großen Bauprojekt in London teilgenommen hat.
>
> Mein Zweitwunsch wäre _____, weil ich sehr gern fotografiere. Das Leben eines
>
> _____ stelle ich mir spannend vor. Man kann zum Beispiel bei interessanten
>
> Sportereignissen dabei sein und berühmte Leute fotografieren.
>
> Was willst du werden? Findest du den Beruf eines _____ oder eines
>
> _____ interessant? Schreib mir.
>
> Dario

b. FÜR PROFIS Antworte auf die E-Mail.

6 **Interview mit Christoph: Schreib die Fragen in dein Heft.** ↗ 5

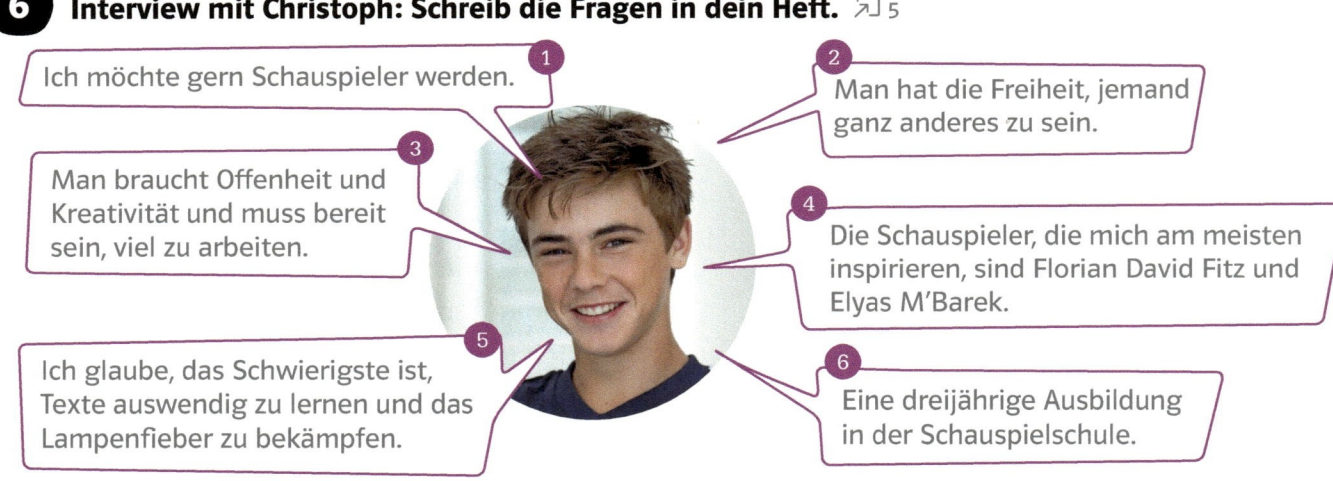

1 Ich möchte gern Schauspieler werden.

2 Man hat die Freiheit, jemand ganz anderes zu sein.

3 Man braucht Offenheit und Kreativität und muss bereit sein, viel zu arbeiten.

4 Die Schauspieler, die mich am meisten inspirieren, sind Florian David Fitz und Elyas M'Barek.

5 Ich glaube, das Schwierigste ist, Texte auswendig zu lernen und das Lampenfieber zu bekämpfen.

6 Eine dreijährige Ausbildung in der Schauspielschule.

7 **Verbinde mit *um ... zu*. Schreib in dein Heft.** ↗ 6

1. gute Computerkenntnisse benötigen • einen guten Job als Game-Designer machen
2. Informatik studieren • gute Computerkenntnisse haben
3. Abitur machen müssen • Informatik studieren
4. verschiedene Praktika machen • eine gute Stelle finden
5. eine Lehre machen müssen • als Goldschmied arbeiten
6. zuerst die Theorie lernen • Schmuckstücke herstellen

Man benötigt ..., um einen guten Job als ...

8 **a. Wie geht der Text weiter? Bring die Teile in die richtige Reihenfolge.** ⬏6

1	Als Koch braucht man Fantasie, viel Geduld und eine Prise Fingerspitzengefühl. Die Ausbildung für diesen Beruf dauert drei Jahre.
□	Es gibt sogar – fast wie beim Fußball – eine deutsche Nationalmannschaft der Köche.
□	Nach der Lehre kann man sich in Restaurants, Betriebskantinen oder Hotelküchen bewerben. Manche Köche spezialisieren sich auf ein kleines Gebiet und werden Experten für Soßen oder Desserts.
□	So lange muss ein Lehrling Gemüse schnippeln, Rezepte büffeln, Lebensmittel einkaufen, Preise berechnen und lernen, Küche und Töpfe sauber zu halten.
□	Die Köche der Mannschaft wollen zeigen, wie gut, kreativ und wertvoll gesunde Ernährung ist. Sie treffen sich regelmäßig zum Übungskochen und bekommen Hausaufgaben, die sie an ihren heimischen Herden lösen müssen.
□	Sie treten auch bei internationalen Wettbewerben an und repräsentieren den Kochberuf.
□	Die Lehre kann jeder machen, der mindestens einen Hauptschulabschluss hat.

b. FÜR PROFIS Schreib einen ähnlichen Text. Recherchiere und stell einen Beruf vor. Schreib über die Eigenschaften, die Ausbildung und die Tätigkeiten.

9 **a. Verbinde. Was trifft auf dich zu? Kreuz an.** ⬏7

Die Schule würde mir mehr Spaß machen,

□	wenn die Stunden abwechslungsreicher		
□	wenn ich ein besseres Zeugnis		wäre.
□	wenn wir mehr Gruppenarbeit machen		wären.
□	wenn ich selbstständig arbeiten	+	hätte.
□	wenn es im Klassenzimmer ruhiger		hätten.
□	wenn wir mehr Sportstunden		würden.
□	wenn wir mehr Aufgaben am Computer lösen		könnte.
□	wenn wir weniger Tests schreiben		müssten.
□	wenn das Essen in der Mensa besser		

b. Wann würde dir Schule mehr Spaß machen? Notiere eigene Wünsche.

_____

_____

10 Was wünschen sich die Jugendlichen? Lies und kreuz unten die richtige Form an. ⤴7

> **Kira** Es _____(1)_____ toll, wenn die Lehrer jünger _____(2)_____. Dann
> _____(3)_____ sie die Probleme der Jugendlichen besser verstehen.
>
> **Henry** Das Alter spielt keine Rolle. Wenn die Lehrer gerechter _____(4)_____,
> dann _____(5)_____ die Schüler mehr Respekt vor ihnen, glaube ich.
>
> **Miriam** Meiner Meinung nach _____(6)_____ es gut, wenn die Lehrer besser erklä-
> ren _____(7)_____. Dann _____(8)_____ die Schüler den Stoff im Unterricht
> besser verstehen und _____(9)_____ zu Hause weniger lernen.
>
> **Laura** _____(10)_____ es nicht auch interessant zu erfahren, was für Schüler sich
> die Lehrer wünschen, um besseren Unterricht machen zu können?

1. a. wäre   b. wären
2. a. hätten   b. wären
3. a. wären   b. könnten
4. a. wären   b. würden
5. a. müssten   b. hätten

6. a. würde   b. wäre
7. a. müssten   b. könnten
8. a. würden   b. wären
9. a. dürften   b. müssten
10. a. Würde   b. Wäre

11 Antworte auf die Fragen. ⤴7

Was würdest du machen, …
- wenn du fliegen könntest?   *Wenn ich fliegen könnte, …*
- wenn du ein Zauberer wärst? *Wenn ich …*
- wenn du zehn Geschwister hättest?
- wenn du morgen mit der Schule fertig wärst?
- wenn du perfekt Deutsch sprechen würdest?

12 a. Das Leben in 100 Jahren: Sortiere die Stichwörter und notiere eigene Ideen. ⤴11

> Häuser auf dem Mond bauen • Krankheiten bekämpfen • Fahrzeuge mit
> Computern steuern • mit Robotern arbeiten • jedem Menschen einen Chip
> einpflanzen • alle Sprachen verstehen • mit Elektroautos fahren • länger leben •
> nur noch zu Hause online lernen • …

Gesundheit

Verkehr

Schule und Arbeit

Wohnen

b. Formuliere 5 Prognosen mit den Wörtern aus a.

Der Mensch wird … bauen. Die Ärzte werden …

13 **a. Häuser in 25 Jahren: Wahrscheinlich oder nicht? Kreuz an.** ↗ 11

wahrscheinlich   unwahrscheinlich

Im Haus funktioniert alles mit Fernbedienung.
Alle Häuser haben Solarzellen auf dem Dach.
In jedem Garten steht ein Windrad.
Der Kühlschrank kann Lebensmittel online bestellen.
Die Dusche stellt automatisch die Temperatur ein.
Das Auto fährt allein aus der Garage.
Alle Häuser sind aus Glas und Beton.
Die Haustür erkennt die Bewohner des Hauses.
Nur noch Drohnen bringen Briefe und Pakete.

b. Schreib 5 Sätze in dein Heft.

Ich finde es unwahrscheinlich, dass alles mit … funktionieren wird.

14 **a. Beschreibe die Pläne von Nina. Schreib in dein Heft.** ↗ 13

Nina

• Berufswunsch:
  als Ärztin Menschen
  helfen
• Abitur machen
• Medizin studieren
• während des Studiums ein Praktikum
  im Krankenhaus machen
• eine eigene Arztpraxis eröffnen
• eine Familie gründen

Meine Pläne

b. Notiere deine Zukunftspläne und schreib einen Text.

↗ Mein Ich-Buch 8

LERNWORTSCHATZ

der Berufswunsch
der Bankkaufmann
der Bürokaufmann
der Medienge-
    stalter
der Designer
der Journalist
der Flugbegleiter
der Erzieher
der Kfz-Mechatro-
    niker
der Anwalt
der Jurist
der Informatiker
der Angestellte
der Soldat
der Frisör
der Goldschmied
das Model
der Fotoreporter
der Handwerker
der Dachdecker
der Architekt
der Assistent
der Fotograf
der Astronaut
das Büro
die Firma
die Baustelle

die Arbeitszeit
der Arbeitsplatz
der Praktikant
das Praktikum
die Tätigkeit
der Bereich
der Termin
der Rat
die Eigenschaft
die Kreativität
die Konzentration
die Fantasie
die Geduld
die Ausbildung
die Lehre
die Kenntnisse (Pl.)
das Metall
die Gesellschaft
das All
die Hitze
die Kälte
das Dach
der Chip
der Magnet
der Widerstand
die Fernbedienung
die Krankheit

übernehmen
absolvieren
ordnen
kämmen
begleiten
benötigen
sich ernähren
gleiten
enthalten
einsetzen
handeln
bekämpfen
aussterben
zu tun haben
jemanden um Rat
    fragen

kreativ
abwechslungsreich
verantwortungsvoll
hilfsbereit
selbstständig
erwachsen
senkrecht

Was möchtest du später
    beruflich machen?
Das kann ich mir
    vorstellen.
Das ist unmöglich.
Das kann nicht sein.
Meinst du wirklich?

 A **Wie heißen die weiblichen Berufsbezeichnungen?**

der Bankkaufmann • _die Bankkauffrau_

der Anwalt • _____

der Bürokaufmann • _____

der Mediengestalter • _____

der Assistent • _____

der Angestellte • _____

der Arzt • _____

der Frisör • _____

B **Welche Berufe passen zu den Tätigkeiten? Notiere je drei Beispiele.**

1. mit Maschinen und Technik umgehen: _____

2. mit den Händen arbeiten: _____

3. im Büro arbeiten: _____

4. viel reisen: _____

5. viele Menschen kennenlernen: _____

C **Ergänze die Verben.**

Krankheiten ____ kämpfen   eine Aufgabe ____ nehmen

einen Chip ____ setzen   viel Geduld ____ nötigen

giftige Stoffe ____ halten   Handwerkerberufe
                              können ____ sterben

ent-   über-   aus-   be-   ein-

D **Welche Berufe passen zu den Eigenschaften?**

1. Viel Kreativität und Fantasie brauchen _____

2. Abwechslungsreich ist die Arbeit von _____

3. Besonders viel Geduld brauchen _____

4. Konzentration ist wichtig für _____

5. Besonders verantwortungsvoll ist die Arbeit von _____

E **Was passt zusammen? Markiere die Wortpaare.**

der Goldschmied • das All • der Chip • der Dachdecker • das Auto • der Handwerker •

das Metall • das Model • der Informatiker • der Fotograf • der Astronaut • das Dach •

die Baustelle • der Kfz-Mechatroniker

F **Antworte.**

Was sind deine Eltern von Beruf?

Was muss man in diesen Berufen machen?

Welche Eigenschaften sind dabei wichtig?

WIR MACHEN MEDIEN

9

1 **Medien und Berufe: Wer macht was? Ordne zu und erkläre die Berufe.**  1

der Journalist
der Mediengestalter
der Fotoreporter
der Drehbuchautor
der Kameramann
der Tontechniker
der Schauspieler

die besten Fotos aussuchen
Fotos machen und bearbeiten
Interviews machen
etwas filmen
sich auf eine Rolle vorbereiten
Musik oder Sprecher aufnehmen
Filmszenen schreiben
die Seiten am Computer gestalten
den Ton bearbeiten
Artikel schreiben
die Rolle spielen

Der Journalist ist jemand, der ...   Der ... hat die Aufgabe, ... zu ...

2 **Wie entsteht ein Computerspiel? Ergänze den Text.** 2

Auch ein Computerspiel beginnt mit einer gu-

ten _____. Die Game-Designer überlegen, wie das

Spiel aussehen könnte und entwickeln ein _____.

Danach werden die ersten _____ erstellt, damit

man sich die geplanten Charaktere und Level-Designs bes-

ser vorstellen kann. Dann kommen die 3D-Grafiker ins Spiel, die die Levels gestalten.

Es werden viele _____ gemacht. Für die Gestaltung der Charaktere ist ein eige-

nes _____ verantwortlich, das mit 3D-Werkzeugen sogenannte Charakter-Modelle baut.

Die Figuren werden von _____ zum Leben erweckt, so dass sie sich bewegen. Im

nächsten Schritt wird der komplette Soundtrack aufgenommen: Tontechniker nehmen dazu

Tausende _____ auf und arbeiten auch mit _____ zusammen. Schließlich

werden alle Daten von den _____ am Computer zusammengesetzt, damit man

beim fertigen Spiel alles gleichzeitig sehen und hören kann.

> Zeichnungen • Konzept •
> Programmierern • Idee •
> Animatoren • Skizzen •
> Effekte • Team • Musikern

3 **Was wird im Theater gemacht? Verbinde mit unterschiedlichen Farben.** 3

Im Proberaum		Kostüme genäht.
Im Tanzstudio		Karten verkauft.
In der Schneiderei	wird	der Ton aufgenommen.
In der Malerwerkstatt	werden	das Stück aufgeführt.
Im Tonstudio		das Bühnenbild angefertigt.
An der Kasse		Speisen und Getränke verkauft.
Auf der Bühne		die Choreografie einstudiert und geübt.
Im Theatercafé		die Szenen geprobt.

4 **Was wird vor dem Filmfestival „Berlinale" gemacht? Schreib Sätze in dein Heft.** 3

1. die Wettbewerbsfilme aussuchen
2. das Programm zusammenstellen
3. das Programmheft drucken
4. die Gäste zur Eröffnung einladen
5. zehn Tage lang Filme zeigen
6. die besten Filme mit einem Preis auszeichnen

Die Wettbewerbsfilme werden ...

5 **a. Wie wird eine Gemüsepizza gemacht? Nummeriere die Schritte.** 4

Zutaten
- eine Packung Pizzateig
- 150 Gramm Käse
- eine Dose Tomatensoße
- 1 Brokkoli, 2 Zucchini, 3 Paprika
- schwarze Oliven
- ½ Zwiebel

☐ das Gemüse waschen und schneiden
☐ bei 200 Grad circa 25 Minuten backen
☐ mit Zwiebelringen und Oliven belegen
☐ den Teig mit Tomatensoße bestreichen
☐ den Teig ausrollen und auf das Backblech legen
☐ den Käse reiben und darüber streuen
☐ das Gemüse ganz kurz kochen
☐ das gekochte Gemüse auf die Tomatensoße legen

b. Schreib das Rezept in dein Heft.

Zuerst wird der Teig ... Dann ... Als Nächstes ... Danach ... Zum Schluss ... und ...

6 Von wem wird was gemacht? Formuliere die Sätze im Kursbuch um. ⬏ 5

Das Quiz wird von _Annika und Karl erstellt._

Die Umfrage wird von _____

Der Umschlag _____

Das Interview _____

Die Fotos von der Lehrerin _____

Die Tierfotos _____

Der Artikel _____

7 FÜR PROFIS Ergänze die E-Mail mit den Verben in der richtigen Form. ⬏ 7

Hallo Lukas,

gestern waren wir im Deutschen Museum in München und haben an einer interessanten Führung über die Geschichte des Telefons _____. Das Telefon wurde im 19. Jahrhundert _____. Das erste Gerät wurde von dem deutschen Erfinder Philipp Reis im Jahr 1861 _____. Die Töne wurden durch eine elektrische Leitung übertragen. Die ersten richtigen Telefone wurden dann 15 Jahre später von den Amerikanern Alexander Bell und Thomas Edison _____. Am Anfang konnte man mit dem Telefon nicht selbst _____, man musste auf dem nächsten Postamt _____ und sagen, mit wem man verbunden werden möchte. Erst später wurden Geräte mit Wählscheiben entwickelt. Heute werden die Telefone nicht mehr mit Wählscheiben, sondern mit Zahlentasten _____.

Du _____ einmal nach München kommen und dieses Museum besuchen. _____ mir bald!

Leonard

teilnehmen

erfinden

bauen

entwickeln

wählen

anrufen

herstellen

müssen

schreiben

8 **Die Sätze sind falsch. Korrigiere und schreib sie in dein Heft.** ↗ 7

Das Zimmer wurde gedruckt.   Das Zimmer wurde nicht gedruckt, sondern aufgeräumt.

Die Torte wurde aufgeräumt.
Das Essen wurde repariert.
Das Buch wurde gebacken.
Die Nachricht wurde ausgeschaltet.
Die Kaffeemaschine wurde gekocht.
Das Handy wurde verschickt.

9 **a. Was ist passiert? Gib die Schlagzeilen in ganzen Sätzen wieder.** ↗ 7

Schmuck von Polizei
immer noch nicht gefunden

Von Ingenieuren neues
Elektroauto entwickelt

Kind im Kindergarten vergessen

Lottogewinn nicht abgeholt!

Neues Museum in Frankfurt eröffnet

Der Schmuck wurde von der Polizei ...

b. FÜR PROFIS Wähl eine Schlagzeile und schreib dazu eine Kurzmeldung für die Zeitung: Wann? Wo? Wer? Warum?

10 **Könntest du es bitte höflicher sagen?** ↗ 8

1. ○ Gib mir einen Stift.   ● Könntest du mir bitte _____ ?

2. ○ Zeigt uns den Weg.   ● Würdet ihr _____ ?

3. ○ Bring mir die Hausaufgaben.   ● _____ ?

4. ○ Schick mir eine Nachricht.   ● _____ ?

5. ○ Kauft ein.   ● _____ ?

6. ○ Sagen Sie mir die Uhrzeit.   ● _____ ?

7. ○ Hilf mir!   ● _____ ?

11 Fragen und Antworten: Ordne zu. ↗ 10

1. ○ Wie war die Zeit als Ferienreporterin für dich? ☐
2. ○ Wie hat alles angefangen? ☐
3. ○ Welche Themen haben dich damals interessiert? ☐
4. ○ Wie haben deine Eltern auf dein Engagement als Kinderreporterin reagiert? ☐
5. ○ Was hat dir diese Tätigkeit gebracht? ☐
6. ○ Was würdest du künftigen Kinder- und Jugenreportern empfehlen? ☐

a. ● Die Schulzeit und die Kindheit berühmter Leute in unserer Stadt oder tolle Bücher, die ich als Sommerlektüre empfehlen konnte.
b. ● Es hat meinem Selbstbewusstsein gut getan.
c. ● Sie sollten vor allem neugierig sein.
d. ● Ich war 10 Jahre alt, als die Stadtzeitung 2005 eine Sommeraktion ins Leben rief: Es wurden Ferienreporter gesucht.
e. ● Sie sind immer sehr stolz darauf gewesen.
f. ● Das war klasse! Wenn ich an meine Zeit als Kinderreporterin zurückdenke, kommen mir viele schöne Erlebnisse in den Sinn.

12 Was darf im Deutschunterricht nicht gemacht werden?
Formuliere Sätze wie im Beispiel. ↗ 11

Im Deutschunterricht dürfen keine … gekaut werden.

13 Wo muss was gemacht werden? Kreuz an und formuliere Sätze. ↗ 11

	auf dem Ausflug	im Schwimmbad	auf dem Bauernhof
die Tiere füttern	☐	☐	☐
das Wasser reinigen	☐	☐	☐
die Äpfel pflücken	☐	☐	☐
den Rucksack tragen	☐	☐	☐
gut heizen	☐	☐	☐
den Müll mitnehmen	☐	☐	☐
Gemüse pflanzen	☐	☐	☐
die Natur respektieren	☐	☐	☐
kaputte Duschen reparieren	☐	☐	☐

… müssen die Tiere gefüttert werden.

14 **a. Lies den Text. Wo passen die Zwischenüberschriften?** ⤴ 11

Öffnungszeiten • Benutzerordnung • Was ist das Medienzentrum? • Kann man Medien ausleihen? • Unser Angebot

Das Medienzentrum unserer Schule bietet allen einen Raum, in dem in ruhiger Atmosphäre gelesen, recherchiert und gearbeitet werden kann. Dafür stehen eine Bibliothek und technische Geräte kostenlos zur Verfügung.

- Schulbücher, Übungsmaterialien, Sachbücher
- deutsche und fremdsprachliche Kinder- und Jugendliteratur
- Zeitschriften
- CDs und Lernsoftware
- Laptops mit Internetzugang
- ein Online-Portal

Das Medienzentrum ist während der Schulzeiten täglich geöffnet. Die Zeiten werden auch durch Aushänge und auf der Webseite des Medienzentrums bekannt gegeben.

Das Medienzentrum ist eine Präsenzbibliothek, deshalb können die Medien nicht ausgeliehen werden. Einzelne Seiten können aber kopiert werden.

- Jacken und Taschen müssen in den Schließfächern gelassen werden.
- Essen und Trinken ist verboten.
- Die Besucher verhalten sich rücksichtsvoll und ruhig.
- Mit den Medien und der Technik wird sorgfältig umgegangen.
- Der Müll wird entsorgt und nichts wird liegen gelassen.

Die Medien können in den Regalen oder im Online-Katalog gesucht werden.
Wenn du etwas nicht findest oder verstehst, hilft dir die Bibliotheksaufsicht gern weiter.

b. Beantworte die Fragen über das Medienzentrum.

1. Welche Medien kann man nach Hause mitnehmen?
2. Muss man für die Nutzung des Medienzentrums zahlen?
3. Was darf man nicht ins Medienzentrum mitnehmen?

15 **Wie findest du das? Kommentiere das Verhalten.** ⤴ 12

1. Du sprichst mit deinem Freund und er spielt dabei auf seinem Handy.

2. Jemand telefoniert laut in der U-Bahn.

3. Jugendliche werfen Papier auf den Boden.

4. Dein Bruder telefoniert kurz beim Essen.

5. Ein Mitschüler kommt nicht zu einem Treffen und entschuldigt sich auch nicht.

⤴ Mein Ich-Buch 9

LERNWORTSCHATZ

die Medien (Pl.)
der Artikel
das Interview
der Trickfilm
das Konzept
das Drehbuch
die Szene
der Dialog
der Hintergrund
die Skizze
die Zeichnung
der Zeichner
der Regisseur
die Fachleute (Pl.)
das Studio
die Aufnahme
das Computer-
    programm
das Element
das Detail
der Effekt
das Geräusch
der Prozess

die Premiere
der Kritiker
das Material
die Redaktion
die Ausgabe
der Umschlag
das Inhaltsver-
    zeichnis
die Umfrage
die Milliarde
die Kommunikation
das soziale Netz-
    werk
die SMS
der Clip
das Zeichen
die Bewerbung
der Preis
die Erinnerung
die Empfehlung
die Umgebung
der Aushang
das Fundbüro

filmen
ersetzen
festlegen
skizzieren
verschieben
sich halten an + A
vorliegen
zusammenfügen
versehen mit + D
schätzen
interviewen
gestalten
veröffentlichen
übertragen
bearbeiten
hinzufügen
abspeichern
behalten
zusammenbinden
befestigen

skizzenhaft
gleichzeitig
statisch
flüssig
parallel
aufwändig
unverzichtbar

einzelne
mithilfe von + D
seitdem
weltweit
quer

v. Chr. = vor Christus
n. Chr. = nach Christus

Ich würde das Gleiche
    machen.
Das würde ich nie
    machen.
Das finde ich
    unmöglich.

A Sag es in einem Wort.

ein Interview machen • _____

eine Skizze machen • _____

eine Zeichnung machen • _____

eine Aufnahme machen • _____

einen Film aufnehmen • _____

aus Teilen ein Ganzes • _____
    machen

einen Text der Öffent- • _____
    lichkeit präsentieren

B **Rätsel: Was ist das?**

1. Sie wird vor einer Reinzeichnung angefertigt. _____

2. Sie wird vom Handy verschickt. _____

3. Es wird von einem Autor für einen Film geschrieben. _____

4. Sie wird von den Schauspielern gespielt. _____

5. Sie wird von jemandem geschrieben, der Arbeit sucht. _____

6. Wenn es neu ist, wird es getestet. _____

7. Sie wird auf der Straße, online oder am Telefon gemacht. _____

C **Nomen aus Verben: Ergänze.**

erinnern • _____   empfehlen • _____

umgeben • _____   aushängen • _____

aufnehmen • _____   kommunizieren • _____

übertragen • _____   zeichnen • _____

D **Wie machst du das? Kreuz an.**

	allein	zu zweit	in der Gruppe
ein Interview machen	☐	☐	☐
einen Dialog spielen	☐	☐	☐
eine SMS schreiben	☐	☐	☐
eine Umfrage machen	☐	☐	☐
einen Artikel schreiben	☐	☐	☐
Videos ansehen	☐	☐	☐
chatten	☐	☐	☐

E **Reagiere.**

Wir organisieren einen Flohmarkt. Könntest du ein Plakat gestalten? _____

Bring bitte alte Spiele mit. _____

Würdest du bitte die Tische aufstellen? _____

Mein Lieblingswort:

DU WIRST GEBRAUCHT

1 **a. Lös das Buchstabenrätsel.** ↗ 1

♥rst♥ H⚓lf♥ l♥⚓st♥n
m⚓t d♥m W♥ss♥rschl❀⚓ch ▽mg♥h♥n
♥⚓n F♥▽♥r l◡sch♥n
M♥nsch♥n r♥tt♥n
m⚓t d♥m H▽nd G❀ss⚓ g♥h♥n
d♥n H▽nd f🦅tt♥rn

♥ = _____
⚓ = _____
❀ = _____
◡ = _____
▽ = _____
🦅 = _____

b. Ergänze die Sätze mit den Wörtern aus a.

1. Bei der Feuerwehr lernt man, richtig mit _____

2. Wenn es irgendwo brennt, muss das Feuer sofort _____

3. Wenn ich Feuerwehrmann wäre, würde ich _____

4. Im Tierheim müssen die Hunde täglich zweimal _____

5. Es ist wichtig, mit dem Hund jeden Tag _____

6. Jeder Autofahrer muss wissen, wie man bei einem Unfall _____

2 **Wer ist sozial aktiv? Markiere.** ↗ 2

Ich engagiere mich als Klassensprecher in der Schule.

Ich habe überhaupt keine Zeit für soziales Engagement.

Der Schulsanitätsdienst ist nichts für mich.

Leon

Anna

Karina

Ich lebe auf einem Bauernhof und unterstütze meine Eltern bei der Arbeit.

Leoni

Tamara

Max

Als Mitglied beim Roten Kreuz mache ich bei Rettungsübungen mit.

Otto

Für die Arbeit in einer Organisation interessiere ich mich nicht.

Ich setze mich für Tiere ein, die kein Zuhause haben.

3 a. Ergänze die E-Mail mit den Verben in der richtigen Form. ↗ 2

Hallo,

ich bin 14 Jahre alt und würde _____ gerne irgendwo _____.   sich engagieren

Ich weiß aber nicht, was ich machen könnte. Bisher habe ich noch an keinem

sozialen Projekt _____.   teilnehmen

Ich _____ _____ für Biologie und Physik.   sich interessieren

Vielleicht könnte ich bei einer Umweltaktion _____. In unserem   mitmachen

Hof leben zwei herrenlose Katzen. Ist es auch soziales Engagement, wenn

man _____ um sie _____?   sich kümmern

Schreibt mir doch. Ich _____ _____ über jeden Tipp.   sich freuen

Tilda

b. FÜR PROFIS **Antworte auf die E-Mail.**

4 Was passt? Kreuz an. ↗ 2

	um	an	mit	bei	
1. Nimmst du	☐	☐	☐	☐	unserem Hilfsprojekt teil?
2. Wir müssen darüber noch	☐	☐	☐	☐	der Lehrerin sprechen.
3. Viele haben noch nie	☐	☐	☐	☐	diesem Projekt mitgemacht.
4. Du kannst uns	☐	☐	☐	☐	der Vorbereitung helfen.
5. Erinnerst du dich noch	☐	☐	☐	☐	die letzte Aktion?
6. Anna kümmert sich immer	☐	☐	☐	☐	die jüngeren Schüler.
7. Wir beschäftigen uns auch	☐	☐	☐	☐	Fragen des Umweltschutzes.

5 Ergänze die Sätze. ↗ 3

Mareike beschäftigt sich gern _____ Kindern, deshalb engagiert sie sich in der

Hausaufgabenbetreuung und hilft jüngeren Schülern _____ den Hausaufgaben.

Lukas interessiert sich _____ Sport und nimmt mit seiner Fußballmannschaft

_____ vielen Turnieren teil. Er findet es ziemlich wichtig, Kinder _____ den

Sport zu begeistern und kümmert sich _____ die Jüngeren im Verein.

Paul hilft als Schülerlotse den Erstklässlern _____ Überqueren der Straße.

Die Eltern sind _____ diese Unterstützung froh.

6 **Was passt für dich? Ergänze.** ⤢ 3

Sprachen • Sport • der Verkehr • die Umwelt • gutes Wetter • eine gute Note • ein spannendes Buch • der Tierschutz • mein Aussehen • die Schule • die Schülerrechte • Filme • …

Ich interessiere mich _____

Ich achte _____

Ich freue mich _____

Mit meinen Freunden spreche ich oft _____

Ich engagiere mich _____

7 **Formuliere höfliche Fragen und ergänze die Antworten.** ⤢ 3

1. ○ Könnten Sie kurz _____? (aufpassen / mein Hund)

   • Klar, das _____. (gern machen)

2. ○ Würdest du _____? (helfen / Aufräumen)

   • Tut mir leid, aber _____. (keine Zeit haben)

3. ○ _____? (mitmachen / Gartenarbeit)

   • Das geht jetzt leider nicht, weil _____. (lernen müssen)

4. ○ _____? (sich kümmern / der Einkauf)

   • Das schaffe ich nicht. Nach der Schule _____. (etwas vorhaben)

5. ○ _____? (etwas spenden / unsere Klassenfahrt)

   • Leider _____. (kein Kleingeld haben)

8 **Was ist richtig? Kreuz an.** ⤢ 5

1. Viele Kinder sind in Not. Die Band „11 Wie du" engagiert sich ☐ für sie ☐ dafür.

2. Sie gibt Benefizkonzerte. Sie hat großen Erfolg ☐ mit ihnen ☐ damit.

3. Der Zeitplan der Band ist sehr voll. Alle müssen ☐ auf ihn ☐ darauf achten.

4. Die Mädchen lieben Musik. Sie interessieren sich sehr ☐ für sie ☐ dafür.

5. Die meisten Konzertbesucher sind Kinder und Jugendliche.

   Die Bandmitglieder sprechen ☐ mit ihnen ☐ damit über ihre Projekte.

6. Toleranz und Offenheit sind wichtig. Alle müssen ☐ für sie ☐ dafür kämpfen.

9 **Lies die Fragen unten. Markiere zuerst die passenden Stellen im Interview und beantworte dann die Fragen.** ⤢ 6

Herr Siebert, Sie setzen sich schon seit zehn Jahren für einen guten Zweck ein. Für wen engagieren Sie sich?

Für kranke Kinder. Ich besuche sie in Krankenhäusern.

Wie helfen Sie ihnen?

Ich komme als Clown verkleidet mit einer roten Nase zu ihnen, mache mit ihnen Quatsch und versuche sie zum Lachen zu bringen.

Wie reagieren die kranken Kinder auf Sie?

Das ist unterschiedlich. Die meisten freuen sich über Abwechslung. Es gibt aber auch Kinder, die erstmal ängstlich sind. Es hängt auch oft davon ab, ob die Eltern positiv reagieren.

Worüber freuen sich die Kinder am meisten?

Schwer zu sagen … Aber vielleicht finden sie meine kleinen Zaubertricks am lustigsten, wenn ich Gegenstände verschwinden lasse oder in etwas anderes verzaubere.

Und ich habe immer einen bunten Vogel dabei, der mit den Kindern spricht. Das finden die meisten sehr witzig.

Finden alle Ihre Arbeit als Clown gut?

Die meisten schon. Aber manche regen sich auch auf und sagen, dass Clowns in einem Krankenhaus die Ruhe stören. Wer aber die lachenden Kindergesichter sieht, versteht besser, warum das wichtig ist. Ich gehe nicht nur in die Zimmer, ich unterhalte die Kinder auch auf dem Flur beim Warten. So vergeht die Zeit viel schneller.

Sie machen das schon sehr lange. Was motiviert Sie dabei?

Es ist schön zu sehen, dass die Kinder durch mich manchmal vergessen, warum sie im Krankenhaus sind. Dafür lohnt es sich, immer wieder zu kommen.

1. Um wen kümmert sich Herr Siebert?
2. Womit bringt er die Kinder zum Lachen?
3. Worüber freuen sich die Kinder am meisten?
4. Worüber regen sich manche Menschen auf?

10 **Ergänze die Fragewörter. Achte auf wo- / wor-.** ⤢ 6

_____ hast du am liebsten gespielt, als du klein warst? Was war dein Lieblingsspielzeug?

_____ hast du dich an deinem Geburtstag am meisten gefreut?

_____ geht es in deinem Lieblingsbuch?

_____ ärgerst du dich oft?

_____ erinnerst du dich gern?

11 **Ergänze die Dialoge.** 📲 6

1. ○ _____ ärgerst du dich?

   ● _____ das schlechte Wetter.

   ○ _____ ärgere ich mich auch.

2. ○ _____ welches Praktikum hast du dich entschieden?

   ● _____ das Praktikum im Zoo.

3. ○ _____ wartest du?

   ● Auf Lisa.

   ○ _____ sie brauchst du nicht zu warten. Sie ist schon nach Hause gegangen.

4. ○ Sprecht ihr _____ den neuen Sportlehrer?

   ● Ja, genau.

   ○ _____ ihn möchte ich euch auch etwas erzählen.

5. ○ _____ beschäftigst du dich in deiner Freizeit?

   ● Am liebsten _____ Musik.

   _____ kann ich Stunden verbringen.

12 **FÜR PROFIS** **Beschreib die Situation auf dem Foto. Wie endet sie?** 📲 7

Der Junge links beschäftigt sich mit _____

Er freut sich darüber, dass _____

Sein Bruder neben ihm ärgert sich darüber, dass ____

_____

_____ stört ihn bei _____

Er bittet seinen Bruder darum, _____

_____

Der hört aber nicht auf _____

Schließlich _____

_____

_____

13 **Ergänze die Zusammenfassung.** ↗ 8

„Schüler Helfen Leben" ist eine Hilfsor_____ und wurde 1992 ge-

gründet. Sie setzt sich schon von Anfang an für Kinder in N_____ ein.

Einmal im Jahr veran_____ die Hilfsorganisation den Sozia-

len Tag, um Geld zu sam_____. Einen Tag lang für einen guten

Zw_____ arbeiten – das ist das Motto des Sozialen Tages. Die Schüler tauschen an

diesem Tag ihr Klassenzimmer gegen einen _____platz. Mehr als 80.000 Schüler

aus rund 700 Schulen in Deutschland neh_____ am Sozialen Tag teil und spenden

ihren L_____ an Kinder in aller Welt.

14 **a. Zu Hause helfen: Ergänze das Verb. Kreuz an, wie du das findest.** ↗ 9

	ist langweilig	ist anstrengend	ist leicht	macht Spaß
Geschirr _____	☐	☐	☐	☐
das Bett _____	☐	☐	☐	☐
die Fenster _____	☐	☐	☐	☐
Unkraut _____	☐	☐	☐	☐
den Rasen _____	☐	☐	☐	☐
die Wand neu _____	☐	☐	☐	☐

b. Was findest du am anstrengendsten, am langweiligsten, am leichtesten und was macht dir am meisten Spaß? Formuliere vier Sätze.

15 **Privat oder offiziell? Sortiere die Redemittel.** ↗ 10

☐ Im Internet habe ich Ihre Webseite gefunden.

☐ Für Ihre Antwort danke ich Ihnen im Voraus.

☐ Ich hoffe, du schreibst mir bald.

☐ Über Ihre Antwort würde ich mich sehr freuen.

☐ Ich habe lange nichts mehr von dir gehört.

☐ Ich freue mich über Ihre Rückmeldung.

☐ Mit großem Interesse habe ich … gelesen.

☐ Mit freundlichen Grüßen

☐ Bis bald!

☐ Ich freue mich auf das Treffen mit euch.

↗ Mein Ich-Buch 10

LERNWORTSCHATZ

die Feuerwehr
der Wasserschlauch
das Tierheim
die Unterstützung
das Recht
das Mitglied
das Treffen
das Ergebnis
die Einnahmen (Pl.)
das Konto
der Lohn
der Rassismus
die Unterschrift
die Demonstration
der Bundespräsident
die Glühlampe
die Arbeitsvereinbarung
die Berufserfahrung
der Supermarkt
der Fakt
die Hauptsache
der Grund
die Freude

sich engagieren
Erste Hilfe leisten
Gassi gehen
sich unterhalten mit + D
sich einsetzen für + A
sich beschäftigen
    mit + D
ausbilden
sich auskennen
demonstrieren für /
    gegen + A
die Schule schwänzen
überweisen
abreißen
veranstalten
tauschen
füllen
abgeben
reparieren
betreuen
begleiten
Geschirr spülen
Rasen mähen
den Stall ausmisten
Unkraut jäten
ein schlechtes Gewissen
    haben

sozial
schwach
gehörlos
offiziell

irgendwo
circa
vermutlich

Das ist nichts für mich.

Sehr geehrte Damen und Herren, …
Mit freundlichen Grüßen
Ich danke Ihnen im Voraus.

Ich möchte darauf hinweisen, dass …
Als Erstes möchte ich …
Ich komme jetzt zu der Frage, …
Zusammenfassend …
Abschließend …

 A   **Wer oder was ist das? Lös das Rätsel.**

1. Man eröffnet es, um Geld einzuzahlen. _____

2. Man bekommt ihn, wenn man arbeitet. _____

3. Man schreibt sie unter eine Vereinbarung, wenn man einverstanden ist. _____

4. Wenn es brennt, muss sie gerufen werden. _____

5. Sie wurde vor etwa 150 Jahren erfunden und spendet Licht. _____

6. Er / Sie hat das höchste politische Amt in Deutschland. _____

B Ergänze das Wörternetz.

überweisen   verdienen

das _____   der _____

                        Geld

bezahlen   die _____

die Lebensmittel — der _____   verkaufen — der Flohmarkt

C Welches Verb passt?

1. Erfahrung
   Unterschriften _____
   Fakten

2. den Lohn
   die Spende _____
   Geld auf das Konto

3. für bessere Löhne
   auf der Straße _____
   gegen Rassismus

4. ein Treffen
   ein Fest _____
   eine Demonstration

D Ergänze die Verben. Markiere die Verben, die nicht trennbar sind.

jemanden zum Arzt _____gleiten   einen Wettkampf _____anstalten

den Pferdestall _____misten   Geld _____weisen

Kinder _____treuen   die Klassenarbeit _____geben

eine Brücke _____reißen   gute Ergebnisse _____reichen

jemanden zum Schulsanitäter _____bilden   sich im Verkehr _____kennen

ab-   er-   aus-   ver-   be-   über-

E Antworte.

Wem hilfst du manchmal? _____

Wie? _____

Wofür würdest du dich stärker engagieren? _____

Mein Lieblingswort:

1 **Lös das Quiz. Kontrolliere mithilfe der Karte im Kursbuch.**  1

1. Welche Stadt liegt nicht am Rhein?
   Basel • Hamburg • Düsseldorf • Bonn

2. Was ist kein Nebenfluss vom Rhein?
   der Main • der Neckar • die Elbe • die Mosel

3. Durch welchen See fließt der Rhein?
   den Vierwaldstätter See • den Bodensee

4. Welches Gebirge liegt nicht am Rhein?
   der Thüringer Wald •
   der Schwarzwald • der Taunus

5. Durch welches Land fließt der Rhein nicht?
   Schweiz • Frankreich • Dänemark • die Niederlande

2 **a. Ergänze die Adjektiv-Endungen.**  1

Der Rhein ist der größt_____ und wasserreichst_____ Fluss in

Deutschland. Ab der schweizerischen Stadt Basel ist er auch

eine der wichtigst_____ Wasserstraßen Europas. Mit anderen

Flüssen und Kanälen bildet der Rhein ein Netz von Verkehrswegen. So können Schiffe

große Teile Europas erreichen. Aber nicht nur als Transportweg ist der Rhein bedeutend,

sondern auch touristisch. Als schönst_____ Landschaft gilt der Mittelrhein zwischen

Bingen und Remagen, weil sich hier zu beiden Seiten die meist_____ Burgen und Schlösser

befinden.

b. FÜR PROFIS **Schreib einen kurzen Text über einen Fluss / einen See /**
   ein Gebirge in deinem Land.

3 **Was passt zusammen? Bilde 7 zusammengesetzte Nomen. Schreib sie mit**
   dem Artikel auf.  2

hoch	Tiefe	Fisch	Schiff	Chemie
Transport	Schützer	Ausgang	Sterben	Fabrik
Punkt	Wasser	Umwelt		

4 **a. Vorher – nachher: Was passt zusammen?** 🔲 2

1. Verena musste zum Schuldirektor.
2. Matthias konnte nicht einschlafen.
3. Patrick war stolz.
4. Anna war froh.
5. Daniel hatte Bauchschmerzen.

Er aß fünf Pfannkuchen zum Mittagessen.
Sie bekam eine SMS von Philipp.
Er gewann einen Wettkampf.
Er sah einen Horrorfilm im Fernsehen.
Sie hat die letzte Stunde geschwänzt.

b. Schreib die Satzpaare in dein Heft. Achte auf die Verbformen.

Verena musste ... Sie hatte ... geschwänzt.

5 **a. Richtig oder falsch? Kreuz an.** 🔲 4

	richtig	falsch
1. Nachdem meine Mama eingeschlafen war, sah sie einen Film an.	☐	☐
2. Nachdem mein Papa eine Pizza gemacht hatte, kaufte er Käse, Tomaten und Schinken.	☐	☐
3. Nachdem der Hund uns geweckt hatte, bekam er eine Wurst.	☐	☐
4. Nachdem wir die Tür geöffnet hatten, klingelte der Nachbar.	☐	☐
5. Mein Bruder las die Anzeige, nachdem er sich darauf beworben hatte.	☐	☐
6. Meine Tante besuchte uns, nachdem sie erfahren hatte, dass ich krank war.	☐	☐
7. Nachdem mein Opa die Sportseite gelesen hatte, kaufte er die Zeitung am Kiosk.	☐	☐

b. Korrigiere die falschen Sätze. Schreib in dein Heft.

6 **Was hast du gestern gemacht? Schreib 5 Sätze mit *nachdem* in dein Heft.** 🔲 4

Musik hören   lernen   *das Bett machen*

fernsehen   Sport machen   nach Hause kommen

chatten   den Eltern helfen   frühstücken

ein Buch lesen   *sich mit Freunden treffen*   aufstehen

zu Mittag essen   in die Schule gehen   die Zähne putzen

Nachdem ich aufgestanden war, ...

7 Wie war die Klassenfahrt? Lies das Programm und schreib einen Tagebucheintrag. ↗ 4

PROGRAMM

10 Uhr – Ankunft in der Jugendherberge
bis 11 Uhr – Zimmer beziehen, Betten machen
ab 11 Uhr – Wanderung zum Wannsee
14 Uhr – Picknick am See
15.30 Uhr – Rückfahrt zur Jugendherberge
16–18 Uhr – freie Zeit für Sport und Spiel
18 Uhr – Abendessen
19 Uhr – Bowling spielen
22 Uhr – Nachtruhe

Wir kamen um … in … an. Nachdem jeder sein Zimmer bezogen
hatte, … Das war anstrengend.
Danach …
Nachdem wir am Ufer des Sees
angekommen waren, … Um …
fuhren wir …

8 a. **Du suchst eine Ferienunterkunft.**
Lies die Prospekte und füll die Checkliste aus. ↗ 5

A

Ferien für alle, die Ruhe suchen

In dieser alten Berghütte übernachtet ihr wie bei euren Ururgroßeltern. Kein Strom, kein Gas, kein Autolärm und kaum Menschen. Durch einen Holzkochherd und Öllampen ist für das Nötigste gesorgt. Abenteuerliche Wanderwege führen vom Haus aus auf Berggipfel und in tiefe Täler. Frei von Elektrosmog erlebt ihr hier unvergessliche Ferien. Für die Buchung braucht ihr allerdings Internet.

B

Manege frei und ab in die Natur

In Brandenburg steht dieser ehemalige Zirkuswagen. Der Innenraum ist nett eingerichtet, schöne Holzmöbel sorgen für eine gemütliche Atmosphäre. Fließendes Wasser und Strom sind ebenfalls vorhanden. Bis zum nächsten Dorfladen sind es 2 km, bis zum nächsten Badesee 5 km.

Checkliste	A	B
fließendes Wasser	☐	☐
Strom	☐	☐
Internet	☐	☐
Wandermöglichkeiten	☐	☐
Bademöglichkeiten	☐	☐
Einkaufsmöglichkeiten	☐	☐
Ruhe	☐	☐

✓ ja
× nein
? keine Info

b. **Berghütte oder Zirkuswagen? Wo würdest du lieber Ferien machen?**
Mit wem? Wie würdet ihr die Ferien verbringen? Schreib einen Text.

9 **Was passt zusammen? Verbinde. Zwei Sätze passen nicht.** 🔲 6

1. Nicht nur Ältere suchen die Ruhe der Natur,
2. In der Berghütte gibt es weder Strom
3. Man kauft entweder im nächsten Dorf ein
4. Die Berghütte ist zwar einfach,
5. In der Ferienwohnung kann man weder kochen

a. noch duschen.
b. aber sie ist sehr gemütlich.
c. oder man bringt genügend Essen mit.
d. sondern auch backen.
e. noch Internet.
f. sondern Kindern.
g. sondern auch junge Leute kommen gern hierher.

10 **Deine Ferien: Beende die Sätze.** 🔲 6

In den Ferien möchte ich nicht nur lange schlafen, _____

Ich möchte weder lernen _____

Das Wetter wird zwar kalt, _____

In den Bergen können wir entweder Ski fahren _____

Wir nehmen nicht nur _____ mit, _____

Die Ferien sind zwar kurz, _____

11 **Wer ist dafür, wer ist dagegen? Ordne zu.** 🔲 7

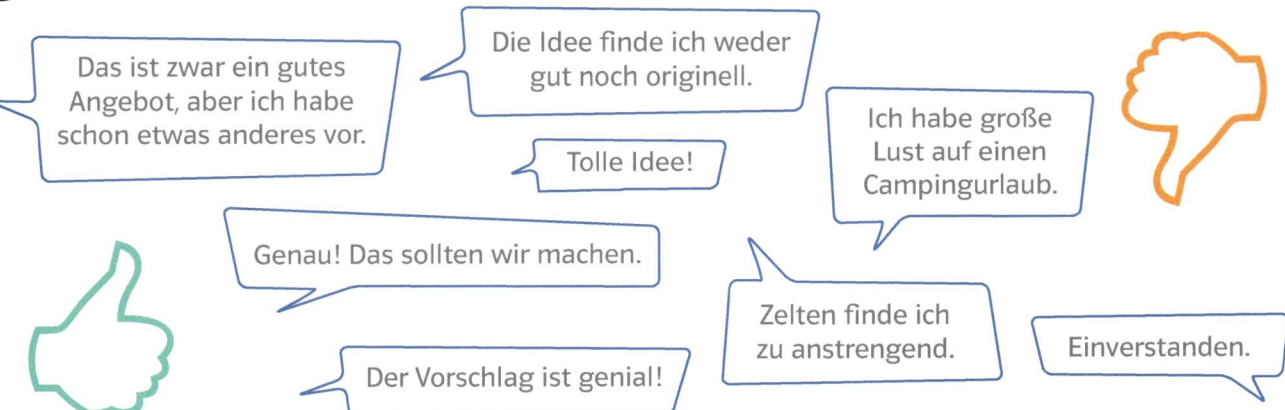

12 **Ein deutscher Freund möchte deinen Heimatort besuchen. Schreib eine E-Mail an ihn und mach Vorschläge für seine Reise. Geh auf folgende Punkte ein:** 🔲 9

– Wie kommt man am besten in deine Stadt?
– Wo kann man übernachten?

– Was kann man besichtigen?
– Was kann man noch machen?

13 **Zum wem passen die Sätze aus der Sage „Rheingold"? Ordne zu.** ↗ 10

	Der Fährmann	Seine Frau	Das Mädchen	
1.	☐	☐	☐	hörte nachts einen Ruf vom anderen Rheinufer.
2.	☐	☐	☐	sprang schnell in den schaukelnden Kahn.
3.	☐	☐	☐	ruderte das Boot wieder über den Fluss zurück.
4.	☐	☐	☐	fürchtete sich.
5.	☐	☐	☐	reichte dem Fährmann seinen Lohn.
6.	☐	☐	☐	versuchte, den Goldklumpen aufzufangen.
7.	☐	☐	☐	erzählte zu Hause die Geschichte.
8.	☐	☐	☐	wollte sie nicht glauben und schimpfte.

14 **Wie heißt es in der Geschichte? Such die Ausdrücke.** ↗ 11

1. ging los • _____

2. aufgeregt • _____

3. ganz still • _____

4. der Kahn ging fast unter • _____

5. versank im Fluss • _____

6. hatte Angst • _____

7. kam nie wieder • _____

15 **a. Wie hat der Fährmann die Geschichte erlebt? Schreib sie aus seiner Perspektive.**

Es war schon spät, als ich plötzlich ...

b. Such eine/n Lernpartner/in und vergleicht eure Texte.
Korrigiert sie gegenseitig.

16 **Was sagen die Eltern? Formuliere Sätze mit *bevor*. Schreib in dein Heft.** ⤢ 10

1. Zuerst machst du bitte das Bett, dann gehst du ins Bad.

   Du machst bitte das Bett, bevor du ins Bad gehst. /
   Bevor du ins Bad gehst, machst du bitte das Bett.

2. Zuerst fütterst du bitte die Katze, dann frühstückst du.
3. Zuerst machst du die Hausaufgaben, dann triffst du dich mit Freunden.
4. Zuerst ziehst du bitte deine Schutzausrüstung an, dann gehst du skaten.
5. Zuerst holst du bitte deinen Bruder von der Schule ab, dann geht ihr zum Training.
6. Zuerst zieht ihr eure Schuhe aus, dann geht ihr in die Wohnung.
7. Zuerst schaltest du bitte dein Handy aus, dann isst du zu Abend.

17 **a. Dein Tag: Beende die Sätze mit *bevor* oder *nachdem*. Achte auf die Verbformen.** ⤢ 10

Jeden Morgen wache ich auf, nachdem mein Wecker geklingelt hat.

Ich packe meine Schultasche, _____

Ich fahre zur Schule, _____

Meistens bin ich früh in der Schule und habe noch etwas Zeit, _____

_____

Am Nachmittag unterhalte ich mich mit meinen Freunden über den Schultag, _____

_____

Ins Bett gehe ich, _____

b. Wie sieht dein Sonntag aus? Beschreibe.

18 **Ergänze den Text: bevor, nachdem, seit, bis, als, wenn?** ⤢ 11

_____ ich vier Jahre alt war, lernte ich die ersten Buchstaben kennen. Immer _____

ich einen Buchstaben sah, fragte ich meine Eltern, wie er hieß. Lange _____ ich in die

Schule kam, konnte ich schon ganze Sätze lesen. Ich war sehr stolz, _____ ich endlich

meinen ersten Kinderroman gelesen hatte. _____ ich auch auf Deutsch lesen kann,

versuche ich einfache Texte im Internet zu verstehen. _____ ich alles verstehe, dauert

es noch ein bisschen. 🙂

⤢ Mein Ich-Buch 11

LERNWORTSCHATZ

das Hochwasser	fließen	merkwürdig
der Schiffer	zerstören	romantisch
die Presse	ermöglichen	unheimlich
der Politiker	melden	wunderbar
der Umweltschützer	sich verirren	
die Chemikalien (Pl.)	verschwinden	entlang
der Anruf	gelangen	mitten in + A / D
die Länge	durchführen	entfernt
die Höhe	verkürzen	nahe
die Breite	entfernen	voriger, voriges, vorige
die Tiefe	buchen	beinah
der Urlaub	einsteigen in + A	nachdem
die Besichtigung	riechen	bevor
die Rückfahrt	verreisen	
die Tour	übernachten	entweder ... oder ...
die Übernachtung	zelten	nicht nur ..., sondern auch ...
die Jugendherberge	sich wundern	weder ... noch ...
die Ferienwohnung	hinüberbringen	zwar ..., aber ...
der Campingplatz	zurückkehren	
der Bungalow	rudern	Was hältst du davon?
die Treppe	reichen	Einverstanden.
der Blick	sich fürchten	
das Gewitter	rutschen	
die Pfütze	schimpfen	
das Pech	versinken	
	einschlafen	

 A **Sag es anders: Such Synonyme in der Liste.**

untergehen • _____   weit weg • _____

fast • _____   kaputt machen • _____

geben • _____   komisch • _____

zurückkommen • _____   die Nacht verbringen • _____

das Unglück • _____   sehr schön • _____

B **Ergänze mit Nomen aus der Liste.**

Die Insel Amrum liegt in der Nordsee. Die durchschnitt-

liche _____ des Meeres beträgt hier 94 m,

die tiefste Stelle ist 725 m tief. Die Insel ist sehr klein

und schmal. Die _____ beträgt nur 10 km

und die _____ liegt bei etwa 2 Kilometern.

Die _____ der wichtigsten Amrumer Düne,

genannt Siatler, beträgt 32 Meter. Von hier aus hat man

einen tollen _____ auf das Meer.

Viele Deutsche verbringen jeden Sommer ihren _____ auf der Insel. Es gibt

viele Übernachtungsmöglichkeiten: _____, _____ und _____.

C **Lös das Rätsel. Ergänze die Verben in der richtigen Form.**

1. Die Stadt wurde vom Hochwasser …
2. Die Reise wurde noch nicht …
3. Auf der Autobahn wurde ein Unfall …
4. Der Schiffsverkehr wurde …
5. Kleine Inseln wurden wegen des
   Schiffsverkehrs …

Lösungswort: _____

D **Reagiere auf die Vorschläge.**

> Ich würde gern in den
> Europapark fahren.

> .ch schlage vor, wir
> übernachten im Wald.

> ir könnten eine Schifffahrt machen.
> Wie findest du das?

> .h würde es cool finden, wenn
> wir in einen Skatepark gehen.

ZUSAMMENLEBEN

1 **a. Sieh das Foto an.**
Was sind deine Vermutungen?
Kreuz an. ↗ 1

	wahrscheinlich ja	eher nein
Die drei sind miteinander verwandt.	☐	☐
Sie sind gleich alt.	☐	☐
Sie sind miteinander befreundet.	☐	☐
Sie haben ein gemeinsames Hobby.	☐	☐
Sie haben unterschiedliche Interessen.	☐	☐
Sie mögen einen ähnlichen Stil.	☐	☐
Sie verstehen sich gut.	☐	☐
Sie kennen sich schon lange.	☐	☐

b. Formuliere deine Vermutungen zum Foto.

Ich vermute, dass …   Ich bin mir sicher, dass …
Ich kann mir (nicht) vorstellen, dass …   Es könnte sein, dass …
Wahrscheinlich …   Ich weiß nicht, ob …

2 **a. Ergänze die Adjektive.** ↗ 2

 -iv  -ig  -lich  -voll

kreat_____   fröh_____   ruh_____   akt_____   sport_____

unordent_____ vielseit_____ unternehmungslust_____ fantasie_____ pünkt_____

b. Wie heißt das Gegenteil? Ordne die Wörter aus a zu.

passiv • _____ ordentlich • _____ nervös • _____

ernst • _____ unpünktlich • _____ fantasielos • _____

c. Welche Eigenschaften passen zu dir? Schreib ein Gittergedicht zu deinem Namen.

KREATIV
UNORDENTLICH
UNSPORTLICH
LUSTIG
LAUT

3 **Wähl ein Foto. Ergänze die Beschreibung.** ↗ 4

schönes •
einfacher •
sportlicher •
• grauen •
dunklen •
bequem •
elegant •
weiße •
hohem •
neueste •
bequem

Ich spiele Geige und trete viel auf Konzerten auf, für die ich mich _____ anziehe. Ich trage gern ein _____ Kleid oder eine _____ Bluse und dazu einen _____ Rock. Dazu passen nur Schuhe mit _____ Absatz. Trotzdem müssen sie noch _____ sein. Im Alltag mag ich es _____, in Jeans und Tops. Aber ein Konzert ist eben etwas Besonderes.

Für die _____ Mode interessiere ich mich überhaupt nicht. Ich mag es vor allem _____. Ich skate viel, ich will mich in meinen Sachen gut bewegen können. Am liebsten trage ich meinen _____ Kapuzenpullover. Oft habe ich auch noch eine Baseballmütze unter der Kapuze an. Wichtig sind mir die Schuhe, damit mir die Füße bei den Sprüngen nicht wehtun. Ich bin ein _____ Typ.

4 **Welche Antwort passt? Kreuz an.** 🔲 4

1. ○ Wie gefällt dir meine neue Frisur?

   a. ● Sie steht dir gut.
   b. ● Sie ist zu eng.

2. ○ Wie findest du den Anzug?

   a. ● Sehr elegant.
   b. ● Das Hemd passt dir nicht.

3. ○ Gefällt dir das T-Shirt?

   a. ● Nein, es ist nicht zu bunt.
   b. ● Ja, aber es passt nicht zu deiner Hose.

4. ○ Trägst du gern Jeans?

   a. ● Ja, besonders modern.
   b. ● Nein, ich ziehe lieber ein Kleid an.

5. ○ Welchen Stil magst du?

   a. ● Am liebsten trage ich sportliche Sachen.
   b. ● Weder interessant noch originell.

6. ○ Findest du die Jacke cool?

   a. ● Sie ist aus Leder.
   b. ● Die würde ich nie anziehen.

5 **Ergänze den Dialog.** 🔲 4

○ Guck mal, hier. Willst du nicht diese _____ Sportschuhe anprobieren?

● Die _____.

   Ich mag die _____ lieber.

○ Ich finde, _____ steht dir nicht. Die Farbe

   passt nicht zu _____. Wie wär's

   mit den _____?

● Die sehen nicht sehr _____ aus.

○ Dann probier doch eine andere Größe an.

● Die sind mir trotzdem zu eng. Und den Stil finde ich _____.

○ Okay. Und welche nimmst du jetzt?

● Ich glaube, ich nehme _____.

6 Was war in der Sporttasche? Beschreib den Inhalt genau.  5

Sporttasche weg!

Am Montag, den 23. April, habe ich auf dem Sportplatz
meine blaue Sporttasche liegen lassen. Darin sind
eine coole _____

_____

Wer die Sporttasche findet, soll sich bitte unter
der Nummer 0170 92457338 melden. Danke!

7 Streitgespräche: Bau zwei Dialoge. Schreib in dein Heft.  6

- ○ Felix, Papa hat gesagt, du sollst das Geschirr spülen.
- ○ Anna, sind deine Deutschhausaufgaben fertig?
- ○ Ja, aber gestern habe ich für dich gespült, weil du nicht da warst.
- ○ Na dann eben nicht. Du bist echt blöd.
- ○ Ich habe meine leider vergessen. Kann ich schnell bei dir abschreiben?
- ○ Das ist aber unfair!

- ● Ja, wieso?
- ● Gestern hatte ich Theaterprobe, das weißt du genau. Die Regel ist, dass du dienstags und donnerstags spülst.
- ● Wieso ich? Heute ist doch Dienstag. Du bist dran.
- ● Immer willst du abschreiben. Das geht doch nicht.

8 Lies die E-Mail. Welches Wort passt nicht? Streich durch.  6

Hallo Kira,
heute war schon wieder ein stressiger Tag, **denn / weil** wir haben in der Schule zwei Tests geschrieben. Auch zu Hause gibt es bei uns manchmal etwas Stress, vor allem mit meinen drei Geschwistern. Mit meinem älteren Bruder Lars verstehe ich mich eigentlich super **und / aber** habe kein Problem, ihm klar zu sagen, **was / wenn** mir etwas nicht passt. Mein jüngerer Bruder Luka nervt schon öfter. Am meisten streiten wir darüber, **wer / wann** am Computer spielen darf. Mit meiner kleinen Schwester verstehe ich mich zwar besser als mit ihm, **aber / oder** sie will immer mit mir spielen. Leider habe ich nicht so viel Zeit und auch nicht immer Lust. **Obwohl / Trotzdem** wir manchmal Streit haben, liebe ich meine Geschwister sehr. Zu viert sind wir unschlagbar!
Wie läuft es bei dir zu Hause und in der Schule? Schreib mir, **ob / wie** du auch manchmal Stress hast und was du dann machst, **damit / deshalb** es dir besser geht.
Bis bald mal wieder, Ben

9 **a. Streitschlichtung: richtig oder falsch? Markiere grün oder rot.** ⤴ 7

ohne Pausen reden • zuhören • aggressiv werden • den anderen beleidigen •
schreien • beim Thema bleiben • gemeinsam nach einer Lösung suchen •
den Partner verletzen • offen über Gefühle reden

b. Formuliere Sätze mit den Wörtern in a.

Du solltest …   Versuch doch mal, …   Es ist nicht in Ordnung, …   Es ist wichtig, …

10 **Ergänze passende Emotionswörter.** ⤴ 9

Igitt!   Aha!   Oh-oh!

Psst!   Oh je!   Ach ja?   Nanu?

1. ○ Heute gibt es wieder Fisch.   ● _____! Der schmeckt eklig!

2. ○ _____? Wer kommt denn da?   ● Das ist ja eine Überraschung!

3. ○ Wir schreiben heute doch keinen Test.   ● _____? Bist du sicher?

4. ○ _____! Schrei nicht so. Das ist doch ein Geheimnis.   ● Ach so.

5. ○ Heute kommt ein neuer Schüler in die Klasse.   ● _____! Interessant!

6. ○ _____! Das sieht nicht gut aus. Ich glaube, es gibt gleich Ärger.

7. ○ Ich habe schlimme Bauchschmerzen.   ● _____! Du solltest vielleicht
    zum Arzt gehen.

11 **Erweitere die Sätze wie im Beispiel. Es gibt mehrere Möglichkeiten.** ⤴ 10

1. Mariam besucht die zehnte Klasse.

Gymnasium St. Mauritz	*Mariam besucht die zehnte Klasse des Gymnasiums St. Mauritz.*
in Münster	*Mariam besucht die zehnte Klasse des Gymnasiums St. Mauritz in Münster.*
seit August	*Mariam besucht seit August die zehnte Klasse des Gymnasiums St. Mauritz in Münster.*

2. Carolina fand den Unterricht langweilig.

am Anfang _____

ein bisschen _____

wegen ihrer schlechten Deutschkenntnisse _____

_____

3. Sunny hat Zeit.

für ihre Hobbys _____

in Deutschland _____

viel mehr _____

4. Es wird Englisch gesprochen.

in Sunnys Schule *In Sunnys Schule wird* _____

im Englischunterricht _____

während der ganzen Stunde _____

_____

12 **FÜR PROFIS** **Interview mit einem Austauschschüler: Formuliere Fragen.** ↗ 10

○ *Ousmane, du hast ein Stipendium bekommen und hast mit 15 Jahren als Austauschschüler Deutschland kennengelernt.*

_____ ?

● Aus dem Senegal.
○ _____ ?
● Circa sechs Stunden mit dem Flugzeug.
○ _____ ?
● Das Essen. Was mir in Deutschland gefehlt hat, waren unsere typischen Gerichte wie zum Beispiel „Yassa". Wir essen mehr Fisch und Couscous und viel weniger Brot.

○ _____ ?
● Was bei uns wirklich viel besser ist, ist das Wetter.
○ _____ ?
● Ich nehme nichts Materielles in meine Heimat mit, nur viele neue Erfahrungen. Ich behalte meine deutschen Freunde im Herzen und bleibe mit ihnen in Kontakt, denn Deutschland ist zu meiner zweiten Heimat geworden.
○ _____ ?
● Das Erste, was ich machen werde, wenn ich zu Hause angekommen bin, ist Freunde besuchen und chillen.
○ *Danke für das Gespräch und einen guten Rückflug!*

↗ Mein Ich-Buch 12

LERNWORTSCHATZ

das Zusammenleben
die Clique
der Unterschied
der Stil
das Outfit
der Anzug
die Krawatte
die Kapuzenjacke
das Top
die Frisur
der Bart
die Haarfarbe
das Lächeln
das Kennzeichen
das Armband
das Geheimnis
die Vereinbarung
der Konflikt
die Streitschlichtung
der Beginn
der Abschluss
der Blödsinn
der Streber
der Austauschschüler
das Schulsystem
das Ausland
die Heimat

tragen
wirken
den Müll rausbringen
die Tafel wischen
den Tisch decken
die Spülmaschine
    ausräumen
zu spät kommen
aufbleiben
einführen
ausreden lassen
zu Wort kommen
klären
sich an die Regel
    halten
zustimmen
unterschreiben
verraten
beleidigen
weitererzählen
ausleihen
sich beschweren
sich Mühe geben
sich aufregen
sich verlieben
erleichtern
feststehen

verwandt
verständnisvoll
fantasievoll
aktiv
unternehmungslustig
vielseitig
ernst
sympathisch
lässig
bequem
eng
elegant
kariert
gestreift
lockig
humorvoll
unfair
still
stressig
eklig
überraschend
gewohnt ↔ ungewohnt

anders
unterschiedlich
Wieso?
irgendwie

Die Farbe steht dir.
Das kann nicht
    wahr sein.
Das ist mir egal.

Ach ja?
Oh je!
Igitt!
Aha!
So, so!
Nanu?

A **Ergänze die Sprechblasen.**

Wer sich nicht an die Regeln _____,
kann nicht zur Klassenfahrt mitkommen.

Könntest du bitte den Müll _____?

Wer hilft mir, den Tisch für das Abendessen
zu _____?

Schon wieder eine Drei? Du solltest dir
etwas mehr Mühe _____.

_____ dich doch nicht auf! Ich habe unser
Geheimnis niemandem _____.

_____ bitte die
Tafel, bevor ihr geht.

Ich finde es unfair, dass ich nie zu
Wort _____!

B **Lös das Rätsel.**

eine Gruppe von Jugendlichen
ein Kleidungsstück, das man zu Anzug und Hemd trägt
ein Schmuckstück, das man am Arm trägt
der Ort, an dem man sich zu Hause fühlt
ein Schüler, der in allen Fächern der Beste sein will
etwas, was man nicht weitererzählen darf
etwas, woran man eine Person erkennt

C **Wie ist dein Outfit meistens? Ergänze passende Wörter.**

mein Outfit

D **Schreib ein Diamantgedicht wie im Beispiel.**

1. Zeile: Gegenstand / Tier / Person
2. Zeile: 2 Adjektive
3. Zeile: 3 Verben
4. Zeile: 2 Adjektive
5. Zeile: Schlusswort

Unsere Clique
aktiv   unternehmungslustig
sich treffen   lachen   streiten
humorvoll   ernst
beste Freunde

E **Antworte.**

Wem siehst du ähnlich?

Welche Eigenschaften sind dir bei Freunden wichtig?

Sind dir deine besten Freunde ähnlich oder sind sie ganz anders?

Mein Lieblingswort:

Spielt zu dritt: Zwei spielen gegeneinander, der / die Dritte ist Spielleiter/in und kontrolliert die Lösung (S. 119). Wenn ein/e Spieler/in ein Feld ankreuzt oder mit einer Münze besetzt, muss er / sie den dazu gehörenden Satz ergänzen. Wer es zuerst schafft, vier Felder waagerecht, senkrecht oder diagonal in einer Linie zu besetzen, gewinnt.

1	14	15	28	29	42	43
2	13	16	27	30	41	44
3	12	17	26	31	40	45
4	11	18	25	32	39	46
5	10	19	24	33	38	47
6	9	20	23	34	37	48
7	8	21	22	35	36	49

1 Als ich klein war, …

2 Wenn ich Geburtstag habe, …

3 Seit ich … kenne, …

4 …, bis ich eine Prüfung machen kann.

5 … macht keinen Spaß, trotzdem …

6 Obwohl wir befreundet sind, …

7 Ich möchte ein neues Fahrrad, deshalb …

8 …, darum üben wir viel.

9 Ich finde, dass …

10 Ich möchte wissen, ob du auch …

11 Wenn ich erwachsen bin, …

12 Ich rufe meinen Freund an, weil …

13 Wir fahren mit dem Zug nach …, denn …

14 Ich bekomme genug Taschengeld, aber …

15 Am Sonntag gehen wir entweder …

16 Ich muss zwar noch viel lernen, …

17 Ich finde sowohl Physik …

18 Heute möchte ich weder …

19 Wenn ich einen Wunsch frei hätte, …

20 Das Smartphone ist ein Gerät, …

21 Die Schule ist ein Ort, …

22 In der Jugendherberge ist nichts mehr frei, deswegen …

23 Ich habe große Lust, …

24 Wir hören deutsche Songs, um …

25 Ich helfe meinem Freund, damit …

26 Nachdem ich aufgestanden war, …

27 Bevor wir einen Film drehen, …

28 Möchtest du mit dem Flugzeug fliegen oder …?

29 … ist ein Beruf, der …

30 Ich weiß nicht, …

31 Ich finde es toll, …

32 Ich sage nichts, was …

33 Können Sie mir sagen, wo …?

34 Ich habe vor, …

35 Es ist ganz einfach, …

36 Wenn ich perfekt Deutsch könnte, …

37 Ich finde es anstrengend, …

38 Um eine Goldmedaille zu gewinnen, …

39 Als ich angefangen habe, Deutsch zu lernen, …

40 Hast du gewusst, dass …

41 Ich ärgere mich darüber, …

42 … ist eine Band, …

43 Wir kümmern uns darum, dass …

44 Rufst du mich an oder …?

45 Ich war glücklich, als …

46 Ich habe immer gute Laune, wenn …

47 …, deswegen spare ich mein Taschengeld.

48 Erinnerst du dich, wie …?

49 Ich gehe morgen nicht in die Schule, weil …

jemanden begrüßen, sich / jemanden vorstellen

o Hallo, ich bin … Wie heißt du?
o Guten Tag, mein Name ist … Wie heißen Sie?
o Das ist mein Freund. Er heißt … Er kommt aus …

nach dem Befinden fragen

o Wie geht's (dir)? / Wie geht es Ihnen?
● Danke, gut. Und dir / Ihnen?
o Mir geht es super.
o Nicht so gut, ich habe Kopfschmerzen.
o Es geht so.

über Hobbys sprechen

o Was machst du in deiner Freizeit?
● Ich mache viel Sport: Ich reite, ich jogge und ich spiele Fußball.
o Was hast du am Wochenende gemacht?
● Ich habe mich mit Freunden getroffen. Wir waren schwimmen.

nach einem Gegenstand fragen

o Hast du einen Radiergummi?
● Ja, hier bitte. / Tut mir leid, ich habe keinen.

etwas kaufen / bestellen

o Ich möchte / Ich hätte gern drei Kugeln Eis.
o Wie viel kostet …?
o Haben Sie den Pullover in Größe …?
o Können Sie mir … zeigen?

über Gewohnheiten sprechen

o Morgens trinke ich immer Kakao.
o Ich esse nie Marmelade.
o Ich nehme manchmal den Bus.
o Ich übe jeden Tag Klavier.

sich verabreden

o Wollen wir am Samstag …?
● Klar, gern! / Tolle Idee! / Das passt mir.
● Ich weiß nicht. Vielleicht.
● Das geht nicht. Ich muss …
● Ich kann nicht. / Ich habe keine Zeit. / Ich habe keine Lust.
o Wo und wann treffen wir uns?
● Vor dem Kino um drei.

jemandem etwas wünschen

o Alles Gute zum Geburtstag!
o Ich wünsche dir viel Glück.
o Gute Besserung!
o Guten Appetit!
o Gute Reise!

Gefallen / Missfallen ausdrücken

o Gefällt dir das Kleid?
● Ja, ich finde es sehr schön.
● Nein, es ist mir zu bunt.
o Wie findest du …?
● Ich finde … toll / klasse / ganz okay.
● … mag ich nicht.
● … finde ich blöd / langweilig.
● Es macht mir (keinen) Spaß, … zu …

eine Person beschreiben

o Mein Freund hat kurze braune Haare und braune Augen. Er trägt meistens Jeans und ein T-Shirt. Er ist witzig und sportlich. Er interessiert sich für …

eine Aufgabe annehmen oder ablehnen

o Kannst du die Katze füttern?
● Ja, das mache ich gern.
o Geh bitte mit dem Hund spazieren.
● Ich kann nicht. Ich habe dafür keine Zeit.

jemandem zustimmen / widersprechen

o Ja, genau. / Das ist richtig.
o Du hast recht. / Das stimmt.
o Das finde / denke ich auch.
o Ich bin einverstanden. / Gute Idee!
o Das stimmt nicht.
o Das finde ich nicht. / Das sehe ich anders.
o Das ist Unsinn.
o So ein Quatsch! Das kann nicht sein.

Regeln formulieren

o Man darf hier nicht skaten.
o Vor dem Stoppschild muss man anhalten.
o Hier dürfen keine Autos geparkt werden.
o Handys sind hier verboten.

zweifeln
- Ich bin mir nicht sicher.
- Sollen wir vielleicht …?
- Ich glaube, das ist keine gute Idee.
- Vielleicht, ich weiß nicht.
- Meinst du wirklich?
- Das kann ich mir nicht vorstellen.
- Das ist unmöglich.

etwas begründen
- Ich konnte nicht kommen, weil ich krank war.
- Der Bus kam nicht, denn es hat geschneit.
- Morgen ist Sonntag, deshalb / deswegen / darum können wir lange schlafen.

Vermutungen äußern
- Ich denke / glaube / vermute, dass …
- Das ist wahrscheinlich / vermutlich / bestimmt / vielleicht …
- … könnte … sein.
- Es kann sein, dass …

vergleichen
- … ist größer als … / genauso groß wie …
- … sind ähnlich / unterschiedlich.
- … sieht aus wie …

Freude, Bedauern und Hoffnung ausdrücken
- Ich bin froh, dass …
- Ich finde es schade, dass …
- Ich hoffe, dass …

nach dem Weg fragen
- Entschuldigen Sie, wie komme ich zum Museum?
- Können Sie mir sagen, wo das Museum ist?

die Meinung sagen
- Meiner Meinung nach …
- Ich denke / glaube, …

über Vorteile und Nachteile diskutieren
- Ich finde es gut / wichtig / positiv / negativ, dass …
- Ich bin dafür / dagegen, dass …
- Ein Vorteil / Nachteil von … ist, dass …
- Für / Gegen … spricht, dass …

über Pläne und Ziele sprechen
- Mein Ziel ist / Ich habe vor, die Prüfung zu machen.
- Ich versuche, viel zu üben.
- Ich übe viel, damit meine Noten gut sind.
- Ich übe viel, um die Prüfung zu schaffen.

Wünsche äußern
- Mein größter Wunsch ist, … zu …
- Ich möchte / Ich würde gern …
- Ich wünsche mir … zum Geburtstag.
- Ich hätte gern …
- Es wäre toll, …

etwas bewerten / kommentieren
- Mir gefällt besonders …
- … ist zwar schön, aber …
- Ich bin begeistert von …
- Ich finde es okay, wenn …
- Ich könnte es verstehen, wenn …
- Ich würde das Gleiche machen.
- Ich finde es unmöglich / falsch / richtig, …
- Das würde ich nie machen.

einen Vorschlag machen
- Ich schlage vor, …
- Wir könnten …
- Was hältst du davon, wenn wir …?

jemanden einladen / sich bedanken
- Ich lade dich herzlich zu meiner Geburtstagsparty ein.
- Danke für die Einladung.

über Erfahrungen berichten
- Für mich war es neu, …
- Ich fand es überraschend, …
- Mich hat überrascht, dass …
- Besonders interessant war, …

etwas zusammenfassen
- In dem Film geht es um …
- Der Film zeigt, …

Tipps geben
- Benutze statt …
- Du solltest …
- Du könntest …
- An deiner Stelle würde ich …

Infinitiv	Präsens	Präteritum	Perfekt
abhängen	hängt ab	hing ab	hat abgehangen
abreißen	reißt ab	riss ab	hat abgerissen
antreten	tritt an	trat an	ist angetreten
ausleihen	leiht aus	lieh aus	hat ausgeliehen
aussterben	stirbt aus	starb aus	ist ausgestorben
beginnen	beginnt	begann	hat begonnen
behalten	behält	behielt	hat behalten
beschließen	beschließt	beschloss	hat beschlossen
beschreiben	beschreibt	beschrieb	hat beschrieben
besprechen	bespricht	besprach	hat besprochen
beweisen	beweist	bewies	hat bewiesen
bewerben, sich	bewirbt sich	bewarb sich	hat sich beworben
brennen	brennt	brannte	hat gebrannt
einfallen	fällt ein	fiel ein	ist eingefallen
einschlafen	schläft ein	schlief ein	ist eingeschlafen
einsteigen	steigt ein	stieg ein	ist eingestiegen
empfehlen	empfiehlt	empfahl	hat empfohlen
enthalten	enthält	enthielt	hat enthalten
entscheiden, sich	entscheidet sich	entschied sich	hat sich entschieden
entspringen	entspringt	entsprang	ist entsprungen
entwerfen	entwirft	entwarf	hat entworfen
feststehen	steht fest	stand fest	hat festgestanden
fließen	fließt	floss	ist geflossen
gelingen	gelingt	gelang	ist gelungen
genießen	genießt	genoss	hat genossen
halten	hält	hielt	hat gehalten
klingen	klingt	klang	hat geklungen
lassen	lässt	ließ	hat gelassen
nachdenken	denkt nach	dachte nach	hat nachgedacht
riechen	riecht	roch	hat gerochen
übernehmen	übernimmt	übernahm	hat übernommen
übertragen	überträgt	übertrug	hat übertragen
überweisen	überweist	überwies	hat überwiesen
umgehen	geht um	ging um	ist umgegangen
unterbrechen	unterbricht	unterbrach	hat unterbrochen
untergehen	geht unter	ging unter	ist untergegangen
unterhalten, sich	unterhält sich	unterhielt sich	hat sich unterhalten
unterschreiben	unterschreibt	unterschrieb	hat unterschrieben
verlassen	verlässt	verließ	hat verlassen
verraten	verrät	verriet	hat verraten
verschieben	verschiebt	verschob	hat verschoben
verschwinden	verschwindet	verschwand	ist verschwunden
versinken	versinkt	versank	ist versunken
vorhaben	hat vor	hatte vor	hat vorgehabt
vorliegen	liegt vor	lag vor	hat vorgelegen
vorschlagen	schlägt vor	schlug vor	hat vorgeschlagen
vortragen	trägt vor	trug vor	hat vorgetragen
zusammenbinden	bindet zusammen	band zusammen	hat zusammengebunden

Stell deinen Lieblingssportler / deine Lieblingssportlerin oder einen erfolgreichen Sportler / eine erfolgreiche Sportlerin aus deinem Land oder aus deinem Verein vor.

Sammle zuerst Informationen. Du kannst auch ein Bild einkleben.

Geburtsort:

Geburtsdatum:

Sportart / Mannschaft:

Beginn der Sportkarriere:

Die ersten Erfolge:

Die besten Ergebnisse:

Die wichtigsten Wettkämpfe:

Hobbys, Interessen:

BILD

Schreib einen Artikel für die Schülerzeitung zum Thema „Die besten Sportlerinnen und Sportler".

Lies den Aufruf. Interviewe jemanden aus deinem Freundes- oder Familienkreis. Fass die Ergebnisse in einem Text zusammen.

Wir wollen wissen, ob Musik für dich wichtig ist. Wer ist dein Lieblingsmusiker / deine Lieblingsmusikerin? Was hörst du, wenn du fröhlich oder traurig bist? Welche Musik geht dir oft durch den Kopf? Und welche Musik magst du nicht?

Schreib deine Interviewfragen und die Antworten in deiner Muttersprache auf. Notiere dann wichtige Stichwörter auf Deutsch zum Gespräch.

FRAGEN

_____

_____

_____

_____

ANTWORTEN

_____

_____

_____

_____

Schreib deinen Text.

_____

_____

_____

_____

_____

_____

_____

Was erzählt der Baum aus dem Schwarzwald? Notiere Stichwörter zu den Fragen.

○ WIE ALT BIN ICH?

○ WIE SEHE ICH IM FRÜHLING, IM SOMMER, IM HERBST UND IM WINTER AUS?

○ WELCHE TIERE SIND MEINE BESTEN FREUNDE?

○ WANN SEHE ICH MENSCHEN?

○ WAS DENKEN DIE MENSCHEN, WENN SIE MICH SEHEN?

○ WAS HABE ICH SCHON ERLEBT?

○ WAS WAR MEIN BESTES / MEIN SCHLIMMSTES ERLEBNIS?

Schreib deinen Text.

Mach Werbung für ein witziges Produkt, das die Welt nicht braucht.

Wähl ein Bild oder zeichne ein eigenes Produkt. Mach dir zuerst Gedanken zum Produkt.

die Ketchup-Pistole

der Hunderegenschirm

Wer braucht dieses Produkt?

Wofür?

Was ist daran besonders toll?

Wie ist es? (Material, Eigenschaften, …)

Was kann man damit machen?

Wem kann man es empfehlen?

Gestalte einen Werbeflyer. Erfinde einen Werbeslogan und mach ein gutes Angebot.

Ihr bekommt Besuch von einer Schulklasse aus Deutschland. Die Schülerinnen und Schüler möchten euer Land kennenlernen. Stellt für sie ein Quiz zusammen. Notiere deine Quizfragen.

SPRACHE(N)

1. Unsere offizielle Landessprache ist ...
a.
b.
c.

2.
a.
b.
c.

ESSEN UND TRINKEN

3.
a.
b.
c.

4.
a.
b.
c.

TRADITIONEN
(Musik, Tanzen, Feste, ...)

5.
a.
b.
c.

6.
a.
b.
c.

KUNST/KULTUR/ WISSENSCHAFT

7.
a.
b.
c.

8.
a.
b.
c.

Ihr könnt das Quiz eurer Partnerklasse schicken.

Lies die Kurzmeldung. Sammle Argumente für und gegen Hausunterricht.

Lernen ohne Schule

Etwa 500 Kinder gehen in der Schweiz nicht zur Schule, sondern bekommen von ihren Eltern oder Privatlehrern zu Hause Unterricht. In einigen Kantonen der Schweiz ist Hausunterricht offiziell erlaubt, denn Schulpflicht bedeutet in der Schweiz nicht automatisch Schulbesuchspflicht. Die Experten sind sich jedoch nicht einig darüber, ob Kinder, die keine Schule besuchen, die gleichen Ergebnisse erreichen und sozial genauso kompetent sind wie ihre Altersgenossen an den öffentlichen Schulen.

Pro	Contra

Formuliere deine Meinung.

Sieh die Bilder an. Schreib eine spannende Geschichte. Die Fragen helfen.

Wer ist das?

Wohin sind sie gegangen?

Was haben sie dort
    entdeckt?

Welche Spuren haben sie
    gefunden?

Wie versuchen sie, den Täter
    zu finden?

Warum ist der Fahrer des
    Autos verdächtig?

Wie geht die Geschichte
    weiter?

Welche berühmte Person findest du interessant? Wie wäre es, wenn du einen Tag lang diese Person wärst? Was würdest du machen?

Mach dir zuerst Gedanken über die Person. Du kannst auch ein Bild einkleben.

Wofür ist er / sie bekannt?

Wo lebt er / sie?

Was hat er / sie erreicht?

Woran arbeitet er / sie jetzt?

Womit verbringt er / sie den Tag?

Was muss / kann / darf er / sie machen?

Was ist an dieser Person besonders?

Schreib deinen Fantasietext.

Wenn ich einen Tag lang _____ wäre, _____

Stell dir vor, du bist Schülerreporter/in. Du berichtest über ein Ereignis in deiner Stadt oder in deiner Schule. Wähl ein Ereignis und notiere die wichtigsten Angaben.

Einleitung:	Wer? Wann? Wo?	
Hauptteil:	Was ist passiert? Wie? Beschreibe alle Details.	
Schluss:	Warum / für wen war es schön / wichtig / …?	

Schreib deinen Artikel. Du kannst auch ein Foto von dem Ereignis einkleben.

Lies die Angebote. Welches findest du interessant? Wähl eins aus und schreib eine E-Mail: Warum interessierst du dich dafür? Welche Aufgaben kannst du übernehmen? Welche Fragen hast du?

Die Erich-Kästner-Realschule sucht **Schulsanitäter**.
Die Ausbildung findet mittwochs von 14 bis 15 Uhr statt.
Wir freuen uns über jede Unterstützung!

Verstärkung gesucht
für die *Redaktion der Schülerzeitung!*
Wer hat Lust, Artikel zu schreiben, Interviews oder Fotos zu machen oder das Layout zu gestalten? Schickt eure Anmeldung an das Sekretariat des Goethe-Gymnasiums.

Neu an unserer Schule – tiergestützte Pädagogik!
Wir haben zwei vierbeinige Helfer an unserer Schule und suchen Betreuer, die sie füttern, waschen, mit ihnen spielen und spazieren gehen. Wer hat Zeit, sich um die Hunde zu kümmern?

Was wäre deine Traumreise? Notiere deine Ideen zu den Stichwörtern.

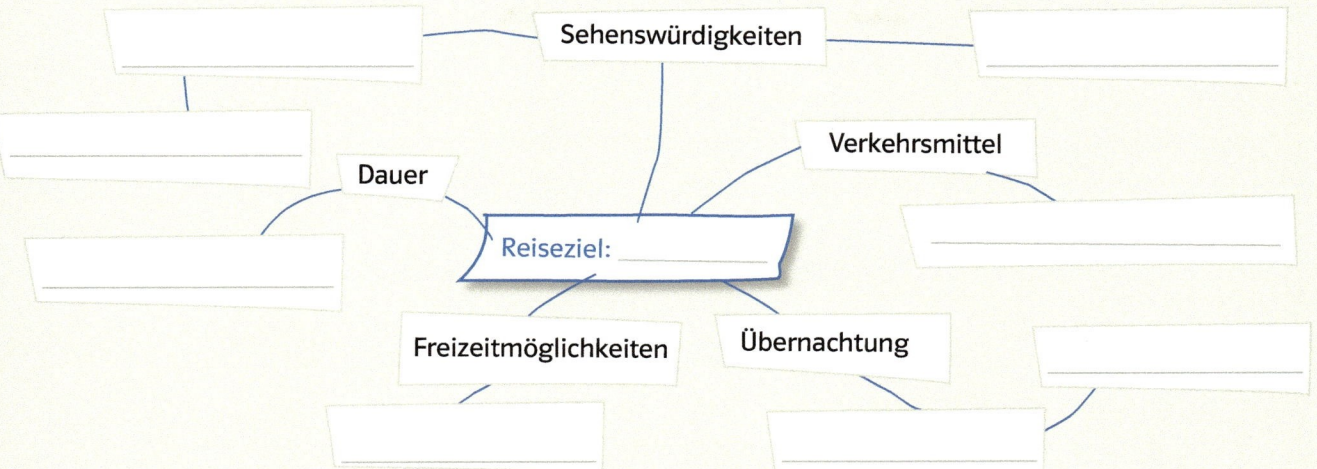

Sehenswürdigkeiten

Verkehrsmittel

Dauer

Reiseziel: _____

Freizeitmöglichkeiten

Übernachtung

Gestalte eine Seite im Reisekatalog.

BILD

BILD

Lies den Brief eines deutschen Austauschschülers, der bald in deine Klasse kommt. Beantworte seine Fragen.

Hallo,

mein Name ist Oliver, ich lebe mit meinen Eltern und meiner Schwester in Hamburg. Ich habe mich für ein Auslandsjahr in deinem Land beworben und in zwei Monaten komme ich in deine Stadt. Ich freue mich sehr darauf, ich möchte viel unternehmen und erleben. Deshalb habe ich ein paar Fragen an dich: Wie ist die Schule bei euch?

Wann fängt der Unterricht an? Bleibt ihr den ganzen Tag in der Schule? Habt ihr viele Hausaufgaben?

Mich interessiert natürlich nicht nur die Schule, sondern auch, was ihr in eurer Freizeit macht. Kann man bei euch Sport machen? Ich spiele Fußball und ich skate gern.

Wichtig wäre auch zu wissen, was ich mitnehmen muss. Wie wird das Wetter in zwei Monaten sein?

Über ein paar Tipps würde ich mich sehr freuen. Schreib mir bald!
Viele Grüße und bis bald
Oliver

Slalomspiel

1. z. B. Skifahren, Fußball, Tennis, Klettern, Joggen
2. z. B. Es macht mir Spaß, Fußball zu spielen. Ich finde es wichtig, Sport zu machen. Ich versuche, gut zu spielen.
3. z. B. die Geige, die Gitarre, das Schlagzeug, die Trompete, die Flöte, das Klavier
4. z. B. Ich möchte fit sein, …
5. z. B. Ich möchte gern wissen, wann du mit dem Training angefangen hast. Mich interessiert, wie viel du trainierst.
6. z. B. Ich mag Pop, weil das gute Laune macht. Ich höre zu Hause und unterwegs Musik. Ich höre gern … Sein / Ihr größter Hit ist …
7. z. B. Der Schwarzwald ist ein Mittelgebirge in Deutschland. Der höchste Berg ist der Feldberg. Der Schwarzwald besteht aus 80 Prozent Nadelwald. Schwarzwälder Spezialitäten sind …
8. z. B. …, mit dem man etwas vergrößern kann. … mit der man arbeiten, lernen und spielen kann.
9. mir, dir / Ihnen, sie
10. z. B. Ich bekomme … im Monat. Ich kaufe mir davon Comics, weil ich gern lese. Ich gebe das Geld auch für mein Handy aus.
11. z. B. messen, beobachten, experimentieren, beschreiben
12. z. B. Eine alte Tradition aus dem Schwarzwald! Sie können die Uhrzeit sehen und auch hören.
13. z. B. Die Alpen sind ein Gebirge, wo man sehr gut Ski fahren kann. Die Schweiz ist ein Land, wo es vier Sprachen gibt.
14. Es ist kalt, trotzdem sind wir den ganzen Tag draußen. / Obwohl es kalt ist, sind wir den ganzen Tag draußen. Wir kommen ans Ziel, obwohl die Piste schwer ist. / Die Piste ist schwer, trotzdem kommen wir ans Ziel.
15. 1. Rindfleisch, 2. Banane, 3. Dose
16. tolerant, sorgfältig, ehrlich, höflich, fleißig, offen
17. z. B. Gyros kommt aus Griechenland. Pelmeni kommen aus Russland. Pizza kommt aus Italien.
18. z B. Ich würde eine Weltreise machen. Ich hätte gern ein großes Haus mit Garten. Ich würde meinen Freunden etwas schenken.
19. z. B. Ein tolles Geschenk mit lustigen Ideen für coole Kinder! Ein neuer Film vom amerikanischen Regisseur für einen spannenden Kinoabend!
20. Ich besuche einen Skikurs, um besser Ski zu fahren. Der Skilehrer zeigt Übungen, damit ich die Technik verbessere.
21. die Toleranz, der Respekt, die Schwierigkeit, die Sorgfalt, die Ehrlichkeit, die Höflichkeit, der Fleiß, die Offenheit, die Fairness
22. z. B. …, seit ich einen Skikurs gemacht habe. … bis ich ganz schnell fahren kann.
23. z. B. Mathe(matik), Deutsch, Englisch, Chemie, Biologie, Physik, Sport, Kunst
24. z. B. Du könntest mit einem Lernpartner lernen. Versuch doch mal, die Vokabeln mit einer App zu üben. An deiner Stelle würde ich deutsche Songs hören.

Vier in einer Reihe

Beispiele

1. …, habe ich gern mit Lego gespielt.
2. …, lade ich meine Freunde ein.
3. Seit ich Paul kenne, sind wir die besten Freunde.
4. Ich muss noch viel üben, …
5. Geschirr spülen macht keinen Spaß, trotzdem muss man das jeden Tag machen.
6. …, streiten wir manchmal.
7. …, deshalb spare ich mein Taschengeld.
8. Wir geben bald ein Konzert, …
9. …, dass ich schon ganz gut Deutsch kann.
10. …, ob du auch so viel für den Test gelernt hast.
11. …, verdiene ich Geld.
12. …, weil ich ins Kino gehen möchte.
13. … nach Berlin, denn ein Flugticket ist zu teuer.
14. …, aber Tim bekommt mehr.
15. … entweder schwimmen oder skaten.
16. …, aber mit den Deutschhausaufgaben bin ich schon fertig.
17. … sowohl Physik als auch Chemie super.
18. … weder lernen noch Sport machen.
19. …, würde ich gern perfekt Deutsch sprechen.
20. …, mit dem ich spiele, Musik höre und Filme ansehe.
21. …, wo ich meine Freunde treffe.
22. …, deswegen gehen wir auf den Campingplatz.
23. …, eine Pizza zu essen.
24. …, um unser Deutsch zu verbessern.
25. …, damit er mit den Hausaufgaben schneller fertig wird.
26. …, packte ich schnell meine Schultasche.
27. …, schreiben wir das Drehbuch.
28. … oder lieber mit dem Zug fahren?
29. Lehrerin ist ein Beruf, der sehr anstrengend ist.
30. …, was ich später beruflich machen möchte.
31. …, dass wir eine Klassenfahrt machen.
32. …, was andere verletzt.
33. …, wo der Bahnhof ist?
34. …, am Nachmittag in die Eisdiele zu gehen.
35. …, dieses Spiel zu spielen.
36. …, müsste ich nichts mehr lernen.
37. …, jeden Tag früh aufzustehen.
38. …, muss man sehr viel trainieren.
39. …, konnte ich schon bis zehn zählen.
40. …, dass es in Deutschland im Winter schneit?
41. …, dass Bayern München gegen Real Madrid verloren hat.
42. Silbermond ist eine Band, die auf Deutsch singt.
43. …, dass zur Klassenfahrt alle mitfahren können.
44. … oder schickst du mir eine Nachricht?
45. …, als ich die Prüfung geschafft habe.
46. …, wenn Wochenende ist.
47. Ich möchte mir ein Skateboard kaufen, …
48. …, wie die Sängerin heißt?
49. …, weil wir Ferien haben.

Textquellen

S. 25 aus Blogbeitrag von Auszubildenden (Bettina Jehle und Julia Seckinger) der VEGA Grieshaber KG, Schiltach

Bildquellen

Cover iStockphoto (PeopleImages), Calgary, Alberta; 4.10 Thinkstock (eurobanks), München; 4.1 Thinkstock (ConstantinosZ), München; 4.11 Thinkstock (Chris_Paris), München; 4.2 Thinkstock (C-You), München; 4.3 iStockphoto (mbbirdy), Calgary, Alberta; 4.4 Thinkstock (PavelHlystov), München; 4.5 Thinkstock (Inhabitant), München; 4.6 iStockphoto (urbancow), Calgary, Alberta; 4.7 iStockphoto (baona), Calgary, Alberta; 4.8 Thinkstock (anmbph), München; 4.9 Thinkstock (Monsterstock1), München; 5 picture-alliance (Bernd von Jutrczenka), Frankfurt; 6.1 Thinkstock (gbh007), München; 6.2 iStockphoto (sjharmon), Calgary, Alberta; 6.3 iStockphoto (FatCamera), Calgary, Alberta; 6.4 iStockphoto (FatCamera), Calgary, Alberta; 6.5 iStockphoto (Rawpixel), Calgary, Alberta; 6.6 Thinkstock (Remains), München; 8 iStockphoto (JaySi), Calgary, Alberta; 9.1 picture alliance/HJS-Sportfotos; 9.2 picture-alliance (Rolf Kosecki), Frankfurt; 9.3 iStockphoto (moevin), Calgary, Alberta; 12.1 Shutterstock (Dmitry Skutin), New York; 12.2 Thinkstock (Suljo), München; 12.3 Shutterstock (Thepartofx), New York; 12.4 Thinkstock (oranhall), München; 12.5 Thinkstock (-M-I-S-H-A-), München; 13.1 Thinkstock (FurmanAnna), München; 13.2 Thinkstock (PetrMalyshev), München; 13.3 Thinkstock (SanneBerg), München; 13.4 Thinkstock (ARTYuSTUDIO), München; 13.5 Thinkstock (monkeybusinessimages), München; 13.6 Shutterstock (Dmitry Skutin), New York; 13.7 Thinkstock (loco75), München; 13.8 iStockphoto (Gregory_DUBUS), Calgary, Alberta; 15 Thinkstock (Jupiterimages), München; 16 Thinkstock (yacobchuk), München; 17.1 iStockphoto (praetorianphoto), Calgary, Alberta; 17.2 Thinkstock (Tuned_In), München; 17.3 iStockphoto (Jan-Otto), Calgary, Alberta; 17.4 Shutterstock (Goran Djukanovic), New York; 20 Thinkstock (PeterHermesFurian), München; 21.10 Thinkstock (SafakOguz), München; 21.1 Thinkstock (ErikaMitchell), München; 21.11 Thinkstock (Voren1), München; 21.12 Thinkstock (thawats), München; 21.13 Thinkstock (nelik), München; 21.14 Thinkstock (GlobalP), München; 21.2 Thinkstock (bitbeerdealer), München; 21.3 Shutterstock (Barbara Dudzinska), New York; 21.4 Thinkstock (8vFanl), München; 21.5 Thinkstock (lowkick), München; 21.6 Thinkstock (GlobalP), München; 21.7 Thinkstock (bazilfoto), München; 21.8 Thinkstock (GlobalP), München; 21.9 Thinkstock (Ocs_12), München; 23.1 Thinkstock (RossHelen), München; 23.2 Thinkstock (Maksim Prasolenko), München; 23.3 Thinkstock (fotokon), München; 23.4 iStockphoto (mikolajn), Calgary, Alberta; 23.5 iStockphoto (CreativaImages), Calgary, Alberta; 23.6 Thinkstock (BrianAJackson), München; 23.7 iStockphoto (Pobytov), Calgary, Alberta; 23.8 iStockphoto (Tramper2), Calgary, Alberta; 24.1 iStockphoto (fired1991), Calgary, Alberta; 24.2 Thinkstock (Wavebreakmedia Ltd), München; 24.3 Thinkstock (jordachelr), München; 24.4 iStockphoto (andresr), Calgary, Alberta; 24.5 Thinkstock (John_Kasawa), München; 24.6 Thinkstock (grzymkiewicz), München; 24.7 Thinkstock (rommex), München; 25 Stiftung Jugend forscht e. V. (SICK AG, Waldkirch), Hamburg; 25.8 Thinkstock (kvsan), München; 28.1 Thinkstock (unalozmen), München; 28.2 Thinkstock (wdstock), München; 28.3 Thinkstock (unpict), München; 30.1 Shutterstock (elisekurenbina), New York; 30.2 Shutterstock (Dzha33), New York; 30.3 Shutterstock (Dmitry Naumov), New York; 31.1 Thinkstock (scanrail), München; 31.2 Thinkstock (ValentynVolkov), München; 32 Thinkstock (popovaphoto), München; 33.1 Thinkstock (shironosov), München; 33.2 Shutterstock (Photographee.eu), New York; 33.3 iStockphoto (Sezeryadigar), Calgary, Alberta; 33.4 Thinkstock (Tatiana Volgutova), München; 33.5 Shutterstock (MilousSK), New York; 33.6 iStockphoto (alely), Calgary, Alberta; 37.1 Thinkstock (Lacheev), München; 37.2 Thinkstock (monkeybusinessimages), München; 37.3 Thinkstock (dimamorgan12), München; 38 Thinkstock (mipan), München; 40.1 Thinkstock (VankaD), München; 40.2 Thinkstock (Jochel28), München; 40.3 Thinkstock (annamoskvina), München; 40.4 Thinkstock (juefraphoto), München; 40.5 Thinkstock (nantonov), München; 40.6 iStockphoto (monkeybusinessimages), Calgary, Alberta; 41.1 Thinkstock (pixelliebe), München; 41.2 iStockphoto (smailik12), Calgary, Alberta; 43.1 iStockphoto (Milkos), Calgary, Alberta; 43.2 Thinkstock (Milkos), München; 43.3 iStockphoto (fotostorm), Calgary, Alberta; 43.4 iStockphoto (webphotographeer), Calgary, Alberta; 44 dpa - Bildarchiv; 46.10 Thinkstock (scanrail), München; 46.1 Thinkstock (Monkey Business Images), München; 46.11 Thinkstock (eurobanks), München; 46.2 iStockphoto (Saro17), Calgary, Alberta; 46.3 Thinkstock (SergiyN), München; 46.4 Thinkstock (toxawww), München; 46.5 Thinkstock (mocker_bat), München; 46.6 Thinkstock (maxoidos), München; 46.7 Thinkstock (JBryson), München; 46.8 iStockphoto (RichLegg), Calgary, Alberta; 46.9 Thinkstock (SergiyN), München; 47.12 iStockphoto (peepo), Calgary, Alberta; 48 Thinkstock (Wavebreakmedia Ltd), München; 52 Shutterstock (Gyuszko-Photo), New York; 54.1 Thinkstock (Creatas Images), München; 54.2 Thinkstock (Zoonar/Photographer: Markus Gann), München; 54.3 Thinkstock (HowardPerry), München; 54.4 Thinkstock (Stocktrek Images), München; 54.5 Thinkstock (Alexandrum79), München; 54.6 Thinkstock (Zoonar/J.Wachala), München; 55.1 Thinkstock (AVTG), München; 55.2 Thinkstock (liouzojan), München; 55.3 iStockphoto (NK08gerd), Calgary, Alberta; 55.4 iStockphoto (nico_blue), Calgary, Alberta; 55.5 iStockphoto (Andyworks), Calgary, Alberta; 56.10 Thinkstock (Devonyu), München; 56.1 iStockphoto (TayaCho), Calgary, Alberta; 56.11 Thinkstock (Nastco), München; 56.12 Shutterstock (Mountain Brothers), New York; 56.2 Thinkstock (DrPAS), München; 56.3 iStockphoto (Cipariss), Calgary, Alberta; 56.4 Shutterstock (Slavko Sereda), New York; 56.5 iStockphoto (tomch), Calgary, Alberta; 56.6 Thinkstock (AlekseySagitov), München; 56.7 Thinkstock (pimana), München; 56.8 Thinkstock (AlinaAkimova), München; 56.9 iStockphoto (kamisoka), Calgary, Alberta; 57 iStockphoto (DanCardiff), Calgary, Alberta; 58 aus: Colin Dann, Als die Tiere den Wald verließen © 2012 Beltz Verlag in der Verlagsgruppe Beltz · Weinheim Basel; 64 Thinkstock (Jupiterimages), München; 65 iStockphoto (belchonock), Calgary, Alberta; 67.1 Thinkstock (liewy), München; 67.2 Thinkstock (Stockbyte), München; 71.1 Shutterstock (Denis Makarenk), New York; 71.2 Shutterstock (Shebeko), New York; 72 Shutterstock (Rawpixel.com), New York; 74.1 Thinkstock (IPGGutenbergUKLtd), München; 74.2 Thinkstock (SvetaP), München; 74.3 Thinkstock (Naveed Anjum), München; 74.4 iStockphoto (bubaone), Calgary, Alberta; 74.5 Thinkstock (kolae), München; 75 Thinkstock (Connel_Design), München; 78.1 Thinkstock (burakkarademir), München; 78.2 Thinkstock (Comstock Images), München; 78.3 Thinkstock (Darrin Klimek), München; 78.4 Thinkstock (KarenMower), München; 78.5 Thinkstock (Purestock), München; 78.6 Thinkstock (Rayes), München; 78.7 Thinkstock (eurobanks), München; 79.1 Thinkstock (Yuri Arcurs), München; 79.2 stock.adobe.com (Monkey Business), Dublin; 79.3 iStockphoto (carrollphoto), Calgary, Alberta; 81 Thinkstock (Hemera Technologies), München; 82 Shutterstock (Phoenixns), New York; 83 Schüler Helfen Leben e.V.; 86 Thinkstock (pichet_w), München; 88.1 Shutterstock (a2l), New York; 88.2 stock.adobe.com (Elke Hötzel), Dublin; 91 Thinkstock (Lacheev), München; 93 Shutterstock (bluecrayola), New York; 94 Shutterstock (Pressmaster), New York; 95.1 Shutterstock (TarRita), New York; 95.2 Shutterstock (yanik88), New York; 96 Shutterstock (LineTale), New York; 97.1 Thinkstock (Sergej Petrakov), München; 97.2 Thinkstock (Martina_L), München; 97.3 Thinkstock (IgorSPb), München; 97.4 iStockphoto (popovaphoto), Calgary, Alberta; 97.5 Thinkstock (JoyTasa), München; 97.6 Thinkstock (Jfanchin), München; 99 Thinkstock (monkeybusinessimages), München; 109 Shutterstock (caramelina), New York